Es gibt nichts Gutes,
außer man tut es

HERDER / SPEKTRUM
Band 5022

Das Buch

Die wirklichen Wunder geschehen zwischen ganz gewöhnlichen Menschen. Jeder kann das in seinem eigenen Leben erfahren: Engel begegnen einem auch im Alltag. Jeder kann sie treffen. Eine Begegnung mit ihnen kann das Leben verwandeln und die Welt verändern. Freundlichkeit, Hilfsbereitschaft, Güte, Herzlichkeit brauchen wir alle zum Leben. Zum und beim Leben zu helfen, das ist wichtig – eine Einsicht, die alle Religionen und Weisheitslehrer der Menschheit immer formuliert haben. Und eine Wahrheit, die auch heute, im Wohlfahrtsstaat und in der Massengesellschaft, gilt und immer neu zu entdecken ist: Keiner lebt für sich allein. Wir alle sind auf andere angewiesen, sind bedürftig, auch hilfsbedürftig. In einer Zeit, in der sogar das Helfen „sich rechnen muß“, inspirieren die hier gesammelten Texte zu einer anderen, menschlicheren Sicht: Liebe und Mitmenschlichkeit sind kostbar – und ein Geschenk. Nicht zu kaufen und unersetzlich. Die Autoren dieses Buches machen die Schönheit, die Wärme und Weisheit des Herzens sichtbar. Sie erzählen von Helden des Alltags – im kleinen und im großen. Eine Anstiftung zur Öffnung des Herzens. Und ein „kleines Dankeschön“ für alle, die uns geholfen haben.

Der Herausgeber

Rudolf Walter, Dr. phil., geb. in Lichtenau/Obb., Cheflektor im Verlag Herder, Herausgeber mehrerer Anthologien. Bei Herder/Spektrum u. a.: Laß dir Zeit. Die Entdeckung von Langsamkeit und Ruhe (Band 5006); Gelassenwerden (Band 5016). Lebt in Bollschweil bei Freiburg.

Es gibt nichts Gutes, außer man tut es

Geschichten von wahren Engeln

Herausgegeben von
Rudolf Walter

Herder
Freiburg · Basel · Wien

Gedruckt auf umweltfreundlichem,
chlorfrei gebleichtem Papier

Originalausgabe

Satz: Fotosetzerei G. Scheydecker, Freiburg im Breisgau
Druck und Bindung: Freiburger Graphische Betriebe 1998
Umschlaggestaltung: Joseph Pölzelbauer
Umschlagmotiv:
Paul Klee, Ein Genius serviert ein kleines Frühstück, 1915,

ISBN 3-451-05022-6

Inhalt

Einleitung

von Rudolf Walter

„Alle denken an sich. Nur ich denke an mich.“ Graffiti, nachts an ehrenwerte Hauswände geschmiert, betreiben keine Schönrederei. „Wenn jeder an sich denkt, ist an alle gedacht“: Der Witz solcher Sprüche liegt darin, daß sie im Schutz der Dunkelheit, hinterlistig oder ganz offen, sagen, was viele tun und wenige zugeben, und daß sie auf den Punkt bringen, was offiziell niemand aussprechen würde.

In der Öffentlichkeit klingt es anders. Gutes tun, an andere denken – davon sprechen viele: Sonntagsreden über den Gemeinsinn, über die guten alten Tugenden und den verlorenen und wiederzufindenden Zusammenhalt der Gesellschaft – moralische Forderungen, meist vorgetragen mit dem ausgestreckten Zeigefinger. In Japan aber gibt es ein Sprichwort: Man soll den Finger, der auf den Mond zeigt, nicht mit dem Mond selbst verwechseln.

„Es gibt nichts Gutes, außer man tut es“, der lakonische Satz Erich Kästners ist überzeugt: Das Gute existiert, in der Tat. Es ist keine unmögliche Kopfgeburt. Aber Wünschen, Reden, Hoffen helfen nichts. Nicht gesagt, sondern getan muß es werden, sich nicht erst in ein Konzept einordnen und auch nicht erst lange nach Gründen suchen.

Mit Mitleid sollte man es allerdings nicht vorschnell verwechseln. Mitleid ist heute in Mißkredit gekommen. Es hat im Verlauf der Geschichte allerdings schon immer skeptische Stimmen gegeben. Der Philosoph Ubaldo Cassina sah im Mitleiden „eine Tochter der Selbstliebe“. La Rochefoucauld hatte den Verdacht, „daß wir anderen Hilfe gewähren, um sie zu verpflichten, sie uns in ähnlichen Fällen zu leisten, und die Dienste, die wir ihnen leisten, Wohltaten sind, die wir uns selbst im voraus erweisen". Nietzsches Zarathustra spitzte es so zu: „Der eine geht zum Nächsten, weil er sich sucht, und der andere, weil er sich verlieren möchte."

Es gibt die Überheblichkeit, die sich als Mitleid tarnt und als Voraussetzung hat, daß der andere als ungleich, als unterlegen betrachtet werden kann und dem eigenen Ich die Gelegenheit gibt, sich selber Bedeutung zuzusprechen. Helfen aus solcher Haltung vermittelt Machtgefühl, aus der Kontrolle anderer heraus. Es kann zur Erpressung werden – mit der bestimmten Erwartung an andere, sich so und so zu benehmen. Solches Helfen kann Flucht davor sein, sich selber auszuhalten, auch Angst davor, sich um sich selber zu kümmern. Wer sich nicht selber liebt, kann auch den anderen nicht lieben. Wer so hilft, tut sich und den anderen nichts Gutes. Mitleid als Maske? Skepsis gegenüber dem „Helfersyndrom" kann durchaus sinnvoll sein. Aber auch Gefühlskälte kann sich maskieren, sogar mit Argumenten.

Ruth Pfau, die als Ärztin in der Dritten Welt unter schwierigsten Umständen hilft, Leben zu retten, wurde in einer deutschen Schule von einem Oberprimaner, der sich sehr klug vorkam, gefragt, ob nicht langfristig das Elend auf der Welt gesteigert, also etwas Schlechtes verwirklicht wird, wenn dank ihrer medizinischen Hilfe immer mehr Menschen überleben. Sie antwortete mit einer Gegenfrage – einer konkreten, praktischen Vorstellung: „Was würdest du tun, wenn eine Mutter mit ihrem sterbenden Kind vor dir ist, dem du mit deinen Mitteln das Leben retten kannst? Könntest du ihr sagen: Ich habe über dein Problem nachgedacht, aber in einer Güterabwägung mit dem Schicksal der künftigen Generationen auf der Erde muß dein Kind leider sterben?"

Gutes tun – das ist etwas Naheliegendes, Elementares, fast ein Reflex, ohne langes Wenn und Aber: Es stürzt jemand neben mir –

ich reiche ihm den Arm. Da ist einer in Not – ich bin angesprochen und reagiere. Ich sehe etwas – und fühle mich zum Handeln gedrängt. Ohne lange zu fragen oder nach Ursachen zu forschen.

Helfen fängt in der unmittelbaren Nachbarschaft an, hier, jetzt. Man muß nicht warten, bis alle andern das Ihre getan haben und die Strukturen geändert sind. Das schließt natürlich nicht aus, daß man sich Gedanken macht über das Ganze, über die Zukunft, über Strukturen. Aber Helfen ist zunächst etwas mit meinen eigenen Mitteln. „Du bist nicht für den Regenwald in Brasilien verantwortlich", sagte Ruth Pfau den Schülern, „sondern für das, was vor deiner Haustür passiert." So fängt alles an: Nicht unbeteiligt wegschauen. Nicht nur zusehen. Sich anrühren lassen, sich auch verändern lassen, im Herzen nicht gleichgültig bleiben.

Die Welt könnte im ganzen anders sein – und werden –, als sie tatsächlich ist. Das ist es vermutlich, was uns anspricht, wenn wir Geschichten von einzelnen Menschen hören: Die Frau, die nach einem harten Tag in der Großküche des Krankenhauses es als ganz selbstverständlich ansieht, einem jungen Todkranken, der keinen Besuch bekommen kann, auf der Station Gesellschaft zu leisten. Der Homosexuelle, der seinem Partner über Jahre hinweg die Treue hält und ihn pflegt – der ihm einmal untreu geworden war und aidskrank wurde. Die leitende Angestellte einer großen Wohlfahrtsorganisation, die nach der Pensionierung über Jahre hinweg – und zwar jeden Tag – eine Frau besucht, die auf der Pflegestation eines Heims vereinsamt. Der alte Philosophieprofessor, der seiner nach einem Schlaganfall gelähmten und an den Rollstuhl gefesselten Frau alle Liebe angedeihen läßt. Eine Frau, die sich nach der Pensionierung weigert, neben ihrem Mann vor dem Fernsehschirm zu versumpfen und die allein ein Hilfswerk für Afghanistan auf die Beine stellt. Die reiche Erbin, die keine Lust hat, ihr Vermögen unauffällig zu verpulvern, sondern sich um Obdachlose ihrer Stadt persönlich kümmert, auch unter den Brücken des Flusses und im Park, und den „Offiziellen" mit ihrem Engagement auf dem Gewissen liegt. Die Frau, die nach dem Konzertbesuch dem Bettler auf der Marmorbank vor dem Konzerthaus nicht nur Geld in den Hut wirft, sondern sich zu ihm setzt und sich mit ihm unterhält. Der gestreßte Manager, der regelmäßig die Zeit findet, mit einer Gruppe behinderter Kinder in seiner Gemeinde Sport zu treiben. Oder auch dies: Da fällt eine Frau ins Wasser, es laufen immer mehr Menschen zusammen, stehen am Ufer und gaffen. Bis ein anderer zufällig vorbeikommt, er sieht die Ertrinkende, reißt sich selber die Kleider vom Leid, springt, ein Lebensretter in letzter Sekunde. Es gibt diese Geschichten zuhauf. Und es sind solche Handlungen, kleine und große, die die Welt im Gleichgewicht halten, im kleinen und im großen.

Warum helfen Menschen Menschen? Die folgenden Aussage stehen für viele andere: „Ich hätte mir selbst nicht mehr in die Augen sehen können", sagte eine Frau, die in der Nazizeit Juden versteckt hatte. „Was hätte ich denn sonst tun sollen?", ist die Gegenfrage einer Frau, die sich entschloß, den Ärmsten zu helfen. „Es gibt Dinge, die muß man einfach tun", sagte ein Dissident in der rumänischen Diktatur, als man ihn fragte, wieso in aller Welt er unter den Augen der gefürchteten Securitate Flugblätter verteilt hatte.

Gutes entsteht nicht aus Überlegenheit, sondern wenn man sich auf andere einläßt, sich öffnet. Ich und der andere hängen zusammen: Die Tradition spricht vom Öffnen des Herzens – auf den anderen zu. Mitgefühl, compassion, ist ein treffenderes Wort für dieses Sehen mit den Augen des Herzens: ein Sehen, das nicht ohne Folgen bleibt. Es verändert mich, und es drängt zum Handeln: Solches Helfen aus Mitgefühl heraus bedeutet im Grunde nichts anderes, als in jedem Menschen, der einem begegnet, die Verwandtschaft zu erkennen, den Spiegel der eigenen Seele, des eigenen Schicksals: Die Sterbende, die vor mir liegt – ich sehe in mein eigenes, künftiges Gesicht im Gesicht des anderen. Der im Leben Gescheiterte – das ist meine eigene Möglichkeit. Im Süchtigen begegnet mir die schwache Seite meiner eigenen Sehnsucht.

Das Dunkle, das ich im anderen fürchte – das ist mein eigener Schatten. Die bedrohte Natur, ich bin ein Teil von ihr. Der Mensch im Slum von Kalkuttta, er lebt unter Umständen, die mit meiner Wohlstandssituation zusammenhängen. Jedes Schicksal ist mit meinem verknüpft. Ich lasse mich nicht von oben herab, sondern bin mir der Beziehung mit dem andern bewußt, von gleich zu gleich. Es ist eine Sache der seelischen Einstellung, die die Beziehung von Du und Ich nicht über die Mauern definiert, die zwischen uns liegen. Mitgefühl gibt dem anderen Raum, öffnet die Türen eher für Fragen, als sie durch Antworten zu schließen. Es ist eine Einstellung, die in der Lage ist, nicht nur mit den Ohren, sondern mit dem ganzen Sein zu hören – und das zu geben, was der Beziehung angemessen ist. „Wir leben nicht für uns, sondern mit uns und für die anderen", so Elie Wiesel. Füreinander etwas tun, das ist auch Überwindung von Kälte und Einsamkeit – des anderen und der eigenen. „In den Herzen steckt Eis. Das Eis des Eigeninteresses, das jeder auftauen muß, der bei sich oder anderen menschliche Züge erwartet." Saul Bellow hat das gesagt.

Es geht um das Tun, aber aus einem bestimmten Geist heraus. Nicht um Aktivismus, sondern um eine Haltung, die auch einmal etwas „gut sein" läßt. Es ist etwas Kreatives, eine Verwandlung dessen, was ist. Man spricht von Menschen, die aus dem andern das Gute „herauslieben" können (Verena Kast). Alle Religionen kennen das: Die Quäker, bekannt für die aktive und caritative Seite ihres Glaubens, sehen „das innere Licht in jedem Menschen", es ist bei Mutter Teresa so, die im Hungernden Jesus sieht, oder bei jenem Bodhisattva aus dem Lotus-Sutra, der zu jedem sagt: „Ich nehme dich ernst. Ich weiß, du bist ein Buddha, oder zumindest hast du in dir die Möglichkeit, ein Buddha zu werden." In der Sprache der Religion ist Liebe zudem nicht teilbar: Die Religionen sagen: Nächstenliebe, Selbstliebe und Gottesliebe gehören zusammen. In der Begegnung mit dem anderen erst gehe ich aus mir selbst heraus, über mich selbst hinaus.

Wir leben von Leitbildern. „Der Mensch: dem Menschen ein Wolf", das ist ein solches Bild. Fressen oder Gefressenwerden ist demnach die Alternative. Und nur die Stärksten und Fittesten werden überleben. Das hat sich als Angst eingenistet. „Die egoistischen Gene", von denen Biologen sprechen, finden ihre Entsprechung in den ellenbogenstarken Helden der Konkurrenzgesellschaft. Wer nicht „mitkommt", für den hat man vielleicht Mitleid – ein anderes Wort für überlegene Verachtung. „Tue Gutes und rede darüber", taugt dann höchstens noch zum Verkaufskonzept, zum kleinen Vorteil im Kampf aller gegen alle.

Sicher ist freilich: Nicht die Herrenkaste der Unberührten und Unberührbaren, nicht die Cleveren und egozentrischen Ellenbogenmenschen retten die Welt. Sie treiben Entwicklungen voran, versprechen Erfolge, verbuchen Siege. Aber wenn Härte, Kraft und Egoismus die einzige Perspektive darstellten, wäre es nicht nur trostlos. Es würde auch die menschliche Verfassung nicht treffen. Denn letztlich ist der Mensch doch „zum Umfallen geboren" (Paracelsus), auch der Stärkste, und auf Hilfe und die Güte angewiesen. Freundlichkeit, Hilfsbereitschaft, Güte, Herzlichkeit brauchen wir alle beim und zum Leben. Wer Allmachtsphantasien spinnt, ist krank: Denn keiner lebt ewig, und niemand lebt für sich allein. Wir alle sind auf andere angewiesen, sind bedürftig, auch hilfsbedürftig.

Moderne Naturwissenschaftler, die die Vernetztheit und gegenseitige Abhängigkeit allen Lebens neu sehen, betonen etwas Ähnliches: „Leben ist Partnerschaft", sagt Fritjof Capra, und: „Energie entsteht, wenn wir uns verbunden fühlen." Das heißt demnach auch: Wirklicher Fortschritt ist nur möglich, wenn wir dieses Aufeinander-angewiesen-Sein auch in die Praxis des Zusammenlebens umsetzen. Wenn wir uns als Teil des Ganzen verstehen, dann ist Anteilnehmen keine besondere Leistung, sondern etwas, worum es im Leben selbstverständlich geht. Sogar das Zuhören kann das zeigen. Henryk Skolimowsky, ein Vertreter der Ökologiebewegung, hat aus dieser Einsicht heraus das Aufeinanderhören als eine Kunst – und eine Utopie beschrieben: „Vollkommenes Zuhören bedeutet, den Gesang des Alls zu hören. Was einzelne Menschen erzählen, sind Fragmente von Melodien der großen kosmischen Sinfonie … Sei ganz Mitgefühl. Schaff Raum für den anderen. Schaff Raum für dich selber."

Jeder, der von einem anderen unverhofft Hilfe erfuhr, kann das auch in seinem eigenen Leben spüren: Plötzlich, wenn man sich eben noch in der Enge fühlte, tut sich solch ein offener Raum auf. Auf einmal schmilzt das Eis, wird die Mauer der von Egoismus und Ehrgeiz bestimmten Normalität durchbrochen: Das kann erlösend wirken, wie ein Wunder. Solche Wunder passieren, wenn Menschen unerwartet Gutes erfahren. Da ist nichts Spektakuläres und Außerirdisches. Es passiert zwischen ganz gewöhnlichen Menschen und nicht nur in den großen Krisen. Einfache Herzlichkeit und persönliche Zuwendung können schon solche Wunder wirken. Von „wahren Engeln" sprechen wir dann. Solche Engel begegnen einem auch im Alltag. Sie haben keine Flügel. Oft sind sie wildfremde Menschen, die eine völlig verdunkelte Situation plötzlich aufhellen und sich verschenken, wo sie nichts schuldig sind. Sie reden in den seltensten Fällen eine religiöse Sprache. Sie stellen keine Rechnung, und auch um Anerkennung ist ihnen nicht zu tun. Sie gehen, wie sie gekommen sind. Jeder kann sie treffen, überall. Eine Begegnung mit ihnen kann die Welt verändern. Die Welt braucht das. Denn sie ist in einem chaotischen, labilen Gleichgewicht. Wer den Bestand der Freundlichkeit und Güte vermehrt, verändert den Gesamtzustand der Welt zum Positiven, Heilsamen hin.

Das ist nichts Abstraktes, unabhängig von mir selbst. Der Amerikaner Allan Luks hat ein Buch mit dem Titel „Der Mehrwert des Guten" geschrieben, über Helfen als heilende Kraft. In einer großangelegten Studie hatte er wissenschaftlich nachgewiesen, was jeder schon einmal erfahren hat, der anderen geholfen hat:

Wer anderen hilft, erhält selbst viel zurück. Luks erzählt faszinierende Geschichten von Menschen, die neue Energie, Wohlbefinden, kreative Erfüllung und Freude erfuhren, die sogar physische Beschwerden und Schmerzen loswurden, als sie halfen. Wer Gutes tut, tut sich selber etwas Gutes. Das hat ganz konkrete Auswirkungen: emotionales Hochgefühl, ein Bewußtsein innerer Ruhe und Stärke, Entspannung, ein gesteigertes Gefühl des eigenen Wertes. Zuwendung, Güte, praktiziertes Mitgefühl – all das kehrt sich um und schafft einen Raum, der uns selber intensiver leben läßt, weil die isolierende, beengende Kälte aufgehoben, der Streß gemindert ist, den wir im aggressiven Überlebenskampf produzieren. Die Energie für andere, die Hilfe von Mensch zu Mensch vertreibt die Depression der Beschränktheit auf sich selber. Und Glück ist nichts anderes als Selbstvergessenheit. Gutes zu tun kann ein Schlüssel dazu sein.

In einer Zeit, in der immer mehr sogar das Helfen „sich rechnen muß“, inspirieren die in diesem Buch gesammelten Texte zu einer anderen, menschlicheren Sicht: Liebe und Mitmenschlichkeit sind kostbar – und ein Geschenk. Nicht zu kaufen und unersetzlich. Die Autoren dieses Buches machen die Schönheit, die Wärme und Weisheit des Herzens sichtbar. Sie erzählen von Helden des Alltags, von der Kunst des Helfens und von Helferinnen und Helfern, im kleinen und im großen.

„Fünf Minuten Hilfe sind besser als zehn Tage Mitleid“, in diesem Sprichwort aus Rumänien ist alles Wesentliche zusammengefaßt: Denn es gibt wirklich nichts Gutes für den anderen, für sich und den Zustand der Welt, es sei denn, man tut es.

1
Niemand ist eine Insel
Das Band zwischen uns

„Nur sämtliche Menschen leben das Menschliche."

Goethe. an Schiller

Ohne die menschliche Gemeinschaft
kann ein einzelner Mensch nicht überleben.

Dalai Lama

Die Welt ist mein Heimatland, die Menschen
sind meine Geschwister, und Gutes-Tun ist meine Religion.

Thomas Paine

Wer eine einzige Seele des Volkes Israel am Leben erhält,
ist wie einer, der die ganze Welt erhält.

Talmud

Jeder ist für alle verantwortlich. Jeder ist allein verantwortlich.
Jeder ist allein verantwortlich für alle.

Antoine de Saint-Exupéry

Zwei

Zwei sind besser als einer allein, falls sie nur reichen Ertrag aus ihrem Besitz ziehen. Denn wenn sie hinfallen, richtet einer den anderen auf. Doch wehe dem, der allein ist, wenn er hinfällt, ohne daß einer bei ihm ist, der ihn aufrichtet.

Das Buch Kohelet

Das größte Glück

Glück ist ansteckend, es flutet über sich hinaus und teilt sich mit, so wie das Licht der Sonne, bis in die letzte Zone. Jedes Kind hat schon diese Erfahrung gemacht: es streichelt seine Katze oder seinen Hund – und es ist selber überglücklich, wenn es die Katze schnurren und den Hund leise jaulen hört. Das größte Glück auf Erden besteht darin, einem fremden Glück beiwohnen zu dürfen, das uns selbst am Herzen liegt, und nichts ist schöner als mit anzusehen, wie jemand zu seiner Wahrheit und zu seinem Glück hinfindet. Erst in dem Glück des anderen wird auch unser eigenes Glück vollkommen und wirklich.

Eugen Drewermann, Zeiten der Liebe

Allein in den Himmeln?

Wenn uns ein Gott aus diesem Menschengewühl entrücken würde und irgendwo in eine Einsamkeit versetzte und dort auch alle Dinge, nach denen unsere Natur begehrt, in Fülle reichte, aber die Möglichkeit, einen Menschen zu sehen, gänzlich nähme – wer wäre da so eisenhart, daß er dieses Leben ertragen könnte und daß ihm die Einsamkeit nicht den Genuß an allen Annehmlichkeiten raubte? Wahr ist also jenes Wort, das ich von unseren Alten gehört habe, die es wieder von anderen alten Männern vernommen haben: Wenn einer in den Himmel hinaufstiege und die Natur der Welt und die Schönheit der Gestirne erschaute, so wäre doch der wundersame Anblick ohne Reiz für ihn; er wäre ihm aber höchst erfreulich, wenn er nur einen hätte, dem er davon erzählen könnte.

Cicero, Über die Freundschaft

Das Glück der andern

Es gibt auf der Erde solche Unermeßlichkeiten an Elend, Verzweiflung, Qual und Schrecken, daß ein glücklicher Mensch nicht daran denken kann, ohne sich seines Glückes zu schämen. Und doch kann einer, der nicht glücklich zu sein versteht, nichts für das Glück der andern tun. Ich fühle in mir die gebieterische Verpflichtung zum Glücklichsein. Doch alles Glück, das man nur auf Kosten anderer erlangt und durch den Besitz, den man ihnen raubt, scheint mir hassenswert ... Ich finde mein Glück im Geben; der Tod wird mir nicht viel aus den Händen nehmen. Was er mir rauben wird, sind weitgestreute, natürliche Güter, die sich der Besitznahme entziehen und allen gemeinsam sind; besonders an ihnen habe ich mich berauscht. Im übrigen ziehe ich die Mahlzeit im Gasthof der leckersten Tafel, den öffentlichen Garten dem schönsten mauerumschlossenen Park, das Buch, das ich sorglos auf den Spaziergang mitnehme, der seltensten Ausgabe vor. Und wenn ich ein Kunstwerk alleine bewundern müßte, so wandelte sich meine Freude um so eher in Trauer, je schöner es wäre.

Mein Glück besteht darin, das der andern zu mehren. Ich brauche das Glück aller, um glücklich zu sein.

André Gide, Uns nährt die Hoffnung

Keine Insel

Kein Mensch ist eine Insel, ganz für sich selbst gehörig. Jeder Mensch ist ein Stück des Kontinents, ein Teil des Ganzen ... Der Tod jedes Menschen vermindert mich, weil ich mit der Menschheit verflochten bin. Deshalb sende niemals Boten aus, um zu erfahren, für wen die Glocke läutet – sie läutet für dich.

John Donne, Nacktes denkendes Herz

Kontinent

Ich habe immer geglaubt, unsere Existenz sei eine Insel, aber jetzt entdecke ich – sie ist ein Festland, ein Kontinent, gebildet aus Menschen, die sich hier aufgehalten haben, die hier ankamen und wieder fortgingen; aus lebenden und toten. Deshalb wächst die Insel, breitet sich aus in unendliche Ferne, die der Anschauung so weit offensteht, daß du trotz der Reglosigkeit des hiesigen Lebens eine Ahnung von dem Werden des Epos bekommst, das immer an einen bestimmten Ort, an ein wie eine Insel lebendes Volk oder einen Stamm geknüpft ist; eine Insel, die jedoch durch die sich verästelnden Wege von Reisen, Karawanen und Schicksalen mit dem Festland verbunden ist. Die Verbindung durch den Geburtsort und die sich kreuzenden Schicksalswege macht die auseinanderstrebenden Menschen und Gedanken zu Verwandten und ein einzelner, der die Erinnerung der Vielzahl bewahrt, wird zum Mittelpunkt.

Andrej Sinjawski, Eine Stimme im Chor

Der Leib und die Glieder

Wären alle zusammen nur ein Glied, wo bliebe dann der Leib? So aber gibt es viele Glieder und doch nur einen Leib. Das Auge kann nicht zur Hand sagen: Ich bin nicht auf dich angewiesen. Der Kopf kann nicht zu den Füßen sagen: Ich brauche euch nicht. Im Gegenteil, gerade die schwächer scheinenden Glieder des Leibes sind entbehrlich. Denen, die wir für weniger edel ansehen, erweisen wir um so mehr Ehre, und unseren weniger anständigen Gliedern begegnen wir mit mehr Anstand, während die anständigen das nicht nötig haben. Gott aber hat den Leib so zusammengefügt, daß er dem geringsten Glied mehr Ehre zukommen ließ, damit im Leib kein Zwiespalt entstehe, sondern alle Glieder einträchtig füreinander sorgen. Wenn darum ein Glied leidet, leiden alle Glieder mit; wenn ein Glied geehrt wird, freuen sich alle anderen mit ihm.

Paulus, Der erste Brief an die Korinther

Familienmitglieder

Solange wir uns am Licht des Tages erfreuen,
wollen wir alle einander als Familie begegnen.

Indianisches Abendlied

Verwandt

Alle Körper sind mit dem Weltganzen zusammengewachsen und wirken wie unsere Glieder miteinander zusammen.

Dem Menschen eigentümlich ist, daß er auch die Strauchelnden liebt. Dies geschieht, wenn es dir mit in den Sinn kommt, daß sie verwandt sind und aus Unkenntnis und unfreiwillig fehlen, und daß ihr binnen kurzem beide sterben werdet und vor allem, daß er dich nicht schädigte; denn er machte dein Leitvermögen nicht schlechter, als es vorher war.

Es muß aber jeder tun, was seiner Anlage gemäß ist; angelegt aber sind die übrigen Wesen wegen der vernünftigen, wie auch auf jedem anderen Gebiet das Geringere wegen des Bessern, die vernünftigen aber wegen einander. Das Hervortretende nun in der menschlichen Anlage ist das Gemeinschaftsgefühl.

Mark Aurel, Wege zu sich selber

Eingebunden

Ich glaube ganz fest daran: Jeder Mensch ist instinktiv und unbewußt in das Überleben und Wachsen der Menschheit eingebunden. Wenn ein Individuum versucht, egoistisch und eigennützig zu leben, wird es entweder untergehen oder in Verzweiflung stürzen.

Joyce Carol Oates

Befreiung

Der wahre Wert eines Menschen ist in erster Linie dadurch bestimmt, in welchem Grad und in welchem Sinn er zur Befreiung vom Ich gelangt ist.

Ein menschliches Wesen ist ein Teil des Ganzen, welches wir das Universum nennen, ein Teil, das durch Raum und Zeit begrenzt ist. Es erfährt sich, seine Gedanken und Gefühle als abgetrennt vom Ganzen. Dieser Zustand, eine Art von Verblendung, ist für uns ein Gefängnis, das uns auf unsere persönlichen Verlangen und auf die Zuneigung für eine kleine Anzahl uns nahestehender Personen begrenzt. Unsere Aufgabe muß darin bestehen, uns aus diesem Gefängnis zu befreien, indem wir den Radius unseres Mitgefühls so weiten, daß es alle lebenden Wesen und die Gesamtheit der Natur in ihrer gänzlichen Schönheit einbezieht.

Albert Einstein, Mein Weltbild

Einander

Nebenmenschen und Mitmenschen – wir suchen alle den, mit dem wir Mensch sein können. Wir sollen nicht *neben,* sondern *mit* den Menschen leben. Oder noch besser ist es, wenn wir *einander* leben.

Ferdinand Ebner, Fragmente – Aufsätze – Aphorismen

Wer will das schon? Wer kann das schon?

Daß einige vieles und die meisten weniger oder
wenig haben
Kann man damit erklären
Daß einige bedeutend und die meisten unbedeutend sind

Daß einige fast alles und die restlichen fast
gar nichts haben
Kann man damit erklären
Daß einige klug und die restlichen dumm sind

Daß einige mächtig und die anderen ohnmächtig sind
Kann man damit erklären
Daß einige verschlagen und die anderen die
Geschlagenen sind

Daß einige immer mehr haben wollen und viele immer
weniger haben
Kann man damit erklären
Daß einige über Leichen gehen und viele unter den
Leichen sind

Daß einige über alle regieren und diktieren
Kann man damit erklären
Daß einige Geschichte machen wollen und mit
allen anderen
Geschichte gemacht wird

Zwar heißt es
Vor Gott sind alle Menschen gleich
Und human das möchte jeder gerne sein –
Aber welcher Bedeutende will sich schon mit einem
Unbedeutenden

Welcher Kluge will sich schon mit einem Dummen
Welcher Verschlagene will sich schon mit einem
Geschlagenen
Auf eine Stufe stellen
Wer will das schon?

Die Erde gehört uns allen
So wie der Sand den man am Grabe
freundlich uns nachwirft
Allen gehört
Aber im Leben gehören
Die Armen den Reichen
Die Dummen den Klugen
Die Geschlagenen den Verschlagenen
Die Gläubigen der Kirche
Die Schwarzen den Weißen
Die Naiven den Raffinierten
Die Schweigenden den Schwätzern
Die Friedfertigen den Streitsüchtigen

Die Erde aber könnte uns allen gehören
Wenn dein Haus auch mein Haus
Mein Geld auch dein Geld
Dein Recht auch mein Recht
Mein Los auch dein Los
Dein Kleid auch mein Kleid
Mein Glück auch dein Glück
Dein Leid auch mein Leid
Wäre.
Teile und herrsche nicht!
Aber wer kann das schon?

Hanns Dieter Hüsch, Den möcht' ich seh'n …

Für sich und die anderen

Wir müssen eine wertvolle Gesellschaft wiederfinden, in der man für die anderen und für sich selbst leben kann. Aber man kann innerhalb der Institutionen nicht zu dieser wertvollen, menschlichen Gesellschaft kommen, nur in der Aktion, in der Aktion eines jeden, einer moralischen Aktion übrigens, denn die Aktivität für den anderen ist immer eine moralische Tat.

Man muß es versuchen können. Man muß versuchen zu lernen, daß man sein Sein, sein Leben nur suchen kann, indem man für die anderen tätig ist. Darin liegt die Wahrheit. Es gibt keine andere.

Jean-Paul Sartre

2

Kein Leid ist fremdes Leid
Mitgefühl – die Öffnung des Herzens

Je bewußter wir mit unserem eigenen Leiden verfahren, desto sensibler werden wir für den Schmerz anderer sein.

Ram Dass

Eine Definition von Mitgefühl:
In die Haut eines anderen schlüpfen, mit seinen Händen fühlen,
sie bewegen und mit ihnen etwas berühren,
mit seinen Füßen laufen, durch seine Augen sehen,
mit seinen Ohren hören, mit seinen Füßen gehen,
seinen Herzschlag fühlen.

Paula D'Arcy

Das Mitleid, kann man sagen, ist eine Form der Überzeugung, daß ein anderer Schmerzen hat.

Ludwig Wittgenstein

Tor des Mitgefühls

Sage nicht, daß ich morgen fortgehe –
denn ich komme doch heute gerade erst an.

Betrachte es ganz tief: Jede Sekunde komme ich an –
sei es als Knospe an einem Frühlingszweig
oder als winziger Vogel mit noch zarten Flügeln,
der im neuen Nest erst singen lernt;
ich komme als Raupe im Herzen der Blume
oder als ein Juwel, verborgen im Stein.

Ich komme stets gerade erst an, um zu lachen und zu weinen,
mich zu fürchten und zu hoffen.
Der Schlag meines Herzens ist Geburt und Tod
von allem, was lebt.

Ich bin die Eintagsfliege, die an der Wasseroberfläche
des Flusses schlüpft.
Und ich bin auch der Vogel,
der herabstürzt, um sie zu schnappen.

Ich bin der Frosch, der vergnüglich
im klaren Wasser eines Teiches schwimmt.
Und ich bin die Ringelnatter, die in der Stille
den Frosch verspeist.

Ich bin das Kind aus Uganda, nur Haut und Knochen,
mit Beinchen so dünn wie Bambusstöcke;
und ich bin der Waffenhändler,
der todbringende Waffen
nach Uganda verkauft.

Ich bin das zwölfjährige Mädchen,
Flüchtling in einem kleinen Boot,
das von Piraten vergewaltigt wurde

und nur noch den Tod im Ozean sucht;
und ich bin auch der Pirat –
mein Herz ist noch nicht fähig, zu erkennen und zu lieben.

Ich bin ein Mitglied des Politbüros
mit reichlich Macht in meinen Händen;
und ich bin der Mann, der seine „Blutschuld"
an sein Volk zu zahlen hat
und langsam in einem Arbeitslager stirbt.

Meine Freude ist wie der Frühling, so warm,
daß sie Blumen auf der ganzen Erde erblühen läßt.
Mein Schmerz ist wie ein Tränenstrom, so mächtig,
daß er alle vier Meere auffüllt.

Bitte nenne mich bei meinem wahren Namen,
damit ich all mein Weinen und Lachen
zugleich hören kann,
damit ich sehe,
daß meine Freude und mein Schmerz eins sind.

Bitte nenne mich bei meinem wahren Namen,
damit ich erwache,
damit das Tor meines Herzens
von nun an offensteht –
das Tor des Mitgefühls.

Thich Nhat Hanh, Nenne mich bei meinen wahren Namen

Derjenige, der Gutes tun will, klopft am Tor;
derjenige, der liebt, findet das Tor offen.

Tagore

Grenzenlos

Grenzenloses Mitleid mit allen lebenden Wesen ist der festeste und sicherste Bürge für das sittliche Wohlverhalten und bedarf keiner Kasuistik. Wer davon erfüllt ist, wird zuverlässig keinen verletzen, keinen beeinträchtigen, keinem wehe tun, vielmehr mit jedem Nachsicht haben, jedem verzeihen, jedem helfen, soviel er vermag, und alle seine Handlungen werden das Gepräge der Gerechtigkeit und Menschenliebe tragen. Hingegen versuche man einmal zu sagen: „Dieser Mensch ist tugendhaft, aber er kennt kein Mitleid." Oder: „Es ist ein ungerechter und boshafter Mensch; jedoch ist er sehr mitleidig"; so wird der Widerspruch fühlbar. – Der Geschmack ist verschieden; aber ich weiß mir kein schöneres Gebet, als das, womit die altindischen Schauspiele (wie in früheren Zeiten die englischen mit dem für den König) schließen. Es lautet: „Mögen alle lebende Wesen von Schmerzen frei bleiben."

Arthur Schopenhauer

Verbindung

Allein die Tatsache, daß der andere leidet, verdient dein Mitgefühl. In dem Augenblick, da dir bewußt wird, daß der andere leidet, wird Mitgefühl in dir aufsteigen, und die Sprache, mit der du sprichst, wird die Kraft des Heilens haben. Mitgefühl ist die einzige Energie, die uns helfen kann, mit einem anderen Menschen wirklich in Verbindung zu treten. Ein Mensch, der kein Mitgefühl in sich trägt, kann niemals wirklich glücklich sein.

Thich Nhat Hanh, Das Herz von Buddhas Lehre

Vergessen

Gewohnt das lange Nachdenken über Mitgefühl und Liebe, habe ich nun den Unterschied zwischen mir und den anderen völlig vergessen.
Milarepa

Selbstlos

Den Weg zu studieren bedeutet,
sich selbst zu studieren.
Das Selbst zu studieren bedeutet,
das Selbst zu vergessen.
Das Selbst zu vergessen bedeutet,
durch alle Dinge erleuchtet zu werden.
Erleuchtet zu sein bedeutet,
die Grenze zwischen dem Selbst
und dem anderen zu beseitigen.
Dogen Zenji

Das Band

Die, die an sich erfuhren, was Angst und körperliches Weh sind, gehören in der ganzen Welt zusammen. Ein geheimnisvolles Band verbindet sie. Miteinander kennen sie das Grausige, dem der Mensch unterworfen sein kann, und miteinander die Sehnsucht, vom Schmerz frei zu werden. Wer vom Schmerz erlöst wurde, darf nicht meinen, er sei nun wieder frei und könne unbefangen ins Leben zurücktreten, wie er vordem darin stand. Wissend geworden über Schmerz und Angst, muß er mithelfen, dem Schmerz und der Angst zu begegnen, soweit Menschenmacht etwas über sie vermag, und andern Erlösung zu bringen, wie ihm Erlösung ward. Wer durch ärztliche Hilfe aus schwerer Krankheit errettet wurde, muß mithelfen, daß die, die sonst keinen Arzt hätten, einen Helfer bekommen, wie er einen hatte.

Wer durch eine Operation vom Tode oder der Qual bewahrt wurde, muß mithelfen, daß da, wo jetzt Tod und Qual noch ungehemmt herrschen, der barmherzige Betäubungsstoff und das helfende Messer ihr Werk beginnen können. Die Mutter, die es ärztlicher Hilfe verdankt, daß ihr Kind noch ihr und nicht der kalten Erde gehört, muß helfen, daß der armen Mutter, da wo noch keine Ärzte sind, durch einen Arzt erspart bleiben könne, was ihr erspart blieb.

Wo das Todesleiden eines Menschen hätte furchtbar werden können, durch die Kunst eines Arztes aber sanft werden durfte, müssen die, die sein letztes Lager umstanden, mithelfen, daß andern derselbe letzte Trost für ihre Lieben zuteil werden könne.

Albert Schweitzer, Zwischen Wasser und Urwald

Kerker

Es ist unmenschlich, sich in den Schmerz, in die Erinnerung einzuschließen wie in einen Kerker ohne Tür, ohne Luft. Das Leiden muß uns dem anderen gegenüber öffnen und ihn nicht zu einem Fremden machen. Der Talmud sagt, Gott leide mit dem Menschen: Warum? Um die Bande zwischen Schöpfung und Schöpfer zu stärken; gerade weil Gott den Menschen besser verstehen und besser von ihm verstanden werden will, wählt Er das Leiden.

Elie Wiesel, Worte wie Licht in der Nacht

Eingemauert

Jemanden zu lieben bedeutet gewiß, mit dieser Person vereint zu sein – nicht auf einer speziellen Ebene, sondern ganz, vollkommen, total. Doch solche Liebe kennen wir nicht. Wir kennen die Liebe nur als Gefühl: meine Kinder, meine Frau, mein Besitz, mein Wissen, meine Leistung. Und das ist wieder ein Isolationsprozeß. In allen Bereichen führt unser Leben zum Ausschluß – es ist eine selbsteinschließende Kraft von Gedanken und Gefühlen, und gelegentlich kommunizieren wir mit einem anderen. Daher kommt dieses große Problem.

Nun – das ist der wahre Zustand unseres Daseins – Ansehen, Besitz und Leere – und die Frage lautet, wie wir darüber hinausgelangen können. Wie können wir diese Einsamkeit, diese Leere, die Unzulänglichkeit, diese innere Armut überwinden? Ich denke, daß die meisten von uns das gar nicht wollen. Die meisten sind damit zufrieden, wie sie sind. Es ist anstrengend, etwas Neues zu entdecken. Also ziehen wir es vor zu bleiben, wie wir sind. Und da liegt die eigentliche Schwierigkeit. Wir verfügen über so viele Sicherheiten. Wir haben uns eingemauert und sind damit zufrieden. Gelegentlich gibt es auf der anderen Seite der Mauer ein Flüstern. Gelegentlich gibt es auch ein Erdbeben, eine Revolution, eine Störung, die wir schnell abstellen. Also wollen die meisten von uns in Wahrheit nicht über den selbsteinschließenden Prozeß hinausgehen. Wir suchen bloß nach einem Ersatz, nach demselben in anderer Form. Unsere Unzufriedenheit ist so oberflächlich. Wir wollen etwas Neues, das uns zufrieden machen soll, eine neue Sicherheit, eine neue Art des Selbstschutzes, und das ist wieder ein Isolationsprozeß. In Wirklichkeit wollen wir die Isolation gar nicht überwinden, sondern sie stärken, damit sie bleibend und störungsfrei wird. Es sind nur die sehr wenigen, die durchbrechen und sehen wollen, was jenseits von dem liegt, das wir Leere und Einsamkeit nennen.

Krishnamurti, Über die Liebe

Fortschritt

Die Angst, dem Notleidenden ins Gesicht zu sehen, sich dem Leiden direkt zu konfrontieren, ist nichts Neues. Von dem chassidischen Rabbi Levi Itzhak wird erzählt: Als alter Mann zog er sich ganz von seiner Gemeinde zurück, um sich nur noch dem Studium der Heiligen Schrift zu widmen. Mit den Ältesten der Gemeinde hatte er eine Vereinbarung getroffen: Sie sollten ihn nur stören, wenn ein Brauch eingeführt werden sollte, den es in der Tradition ihres Volkes noch nicht gegeben habe. Eines Tages wurde er von den Ältesten zur Gemeindeversammlung gerufen. „Wir möchten künftig nicht mehr, daß die Armen an die Türen unserer Häuser kommen, um zu betteln. Wir werden eine Sammelbüchse aufstellen. Alle Wohlhabenden werden ihr Almosen dort hinein tun, jeder nach seinem Vermögen. Und daraus sollen dann die Armen bedacht werden." Als Rabbi Levi Itzhak dies hörte, wurde er zornig: „Habe ich euch nicht gesagt, ihr sollt mich nicht in meinem Studium stören, wenn es sich um nichts Neues handelt?" Die Ältesten waren erstaunt: „Aber es ist doch etwas Neues und sehr Fortschrittliches, was wir planen." – Rabbi Levi Itzhak darauf: „Schon in Sodom und Gomorra haben eure Vorfahren so gehandelt. Erinnert euch, was erzählt wird von dem Mädchen, das in Sodom einem Bettler ein Stück Brot gereicht hat. Wie sie das Mädchen gepackt und entkleidet haben, es mit Honig beschmierten und den Stechbienen aussetzten – um des großen Frevels willen, den es verübt hatte. Was war denn der Frevel des Mädchens? Wer weiß, vermutlich hatten auch eure Vorfahren eine Sammelbüchse aufgestellt, in die die Reichen ihre Almosen taten, um nicht mehr den armen Brüdern und Schwestern in die Augen schauen zu müssen, wie das Mädchen es tat." Der fortschrittliche Brauch wurde nicht eingeführt. Und die Hilfe von Mensch zu Mensch gehörte weiter zu den bevorzugten religiösen Werten der Gemeinde.

Chassidische Geschichte

Heutzutage

Heutzutage
werden die Armen nicht mehr
dank einem persönlichen Opfer
gespeist, bekleidet und beherbergt,
sondern auf Kosten der Steuerzahler.
Und weil die Armen nicht mehr
dank einem persönlichen Opfer
gespeist, bekleidet und beherbergt werden,
sagen die Heiden über die Christen
seht, wie sie sich drücken.
Catholic Workers

Mitbeteiligt

Wie Farbenblinde stehen die Menschen dem Leiden gegenüber – wahrnehmungsunfähig und ohne alle Sensibilität. Die Folge dieses leidenslosen Wohlbefindens ist eine Erstarrung des Lebens. Nichts ist mehr bedroht, nichts wächst mehr mit den eigentümlichen Schmerzen, die jedes Wachstum bedeutet, nichts verändert sich. Die schmerzfreie Erfüllung vieler Bedürfnisse garantiert den ruhigen, erreichten Stillstand. Langeweile breitet sich aus, wenn erfüllte Hoffnung nicht mehr zu neuer, größerer Hoffnung treibt …

„Es gibt kein Leid, das fremdes Leid ist“, sagt Simonow. Das ist kein konstatierender Satz, es ist ein Wunsch, eine Hoffnung, die von der vorausgesetzten Brüderlichkeit aller Menschen zehrt. Es läßt sich nicht begründen, warum es kein fremdes, kein fernes, kein uns nichts angehendes Leid gibt. Jede Begründung eines solchen Satzes macht ihn ärmer und kleiner. Er ist nicht ableitbar, er wird vielmehr einem denkenden und fühlenden Wesen zugemutet.

Wo immer Leiden ist, da geht es dich an. Daß die Leidenden zusammengehören, nicht von den anderen zu trennen sind, daß der Schmerz nicht aufteilbar ist auf Freunde und Feinde, das gehört zur Religion der Sklaven. Es gibt kein fremdes Leid, wir alle gehören dazu, wir sind mitbeteiligt.

Dorothee Sölle, Leiden

Herzensverbindung

Unser Widerstand gegenüber dem Leid kann dazu führen, daß wir uns vom Leiden zu isolieren versuchen. Wenn sich unsere Herzen dann trotzdem durch fürsorgliche Gefühle öffnen, so neigen wir allzu schnell dazu, sie wieder zu verschließen, weil wir durch die Intensität unserer eigenen Gefühle überwältigt sind: Wir ersetzen die spontane Erwiderung des Herzens durch Ablehnung, Mitleid oder andere Verteidigungsmechanismen. Oft haben wir uns so sehr mit unseren eigenen Bedürfnissen identifiziert, daß wir andere als manipulierbare Objekte behandelt haben, die unserem eigenen Zwecke dienen sollten. Wir sehen, wie die Ruhelosigkeit unseres Geistes unsere Fähigkeit, nach innen zu lauschen, beeinträchtigen kann; wir stellen fest, daß wir mindestens durch unsere Gedanken von anderen Menschen getrennt sind …

Jedesmal, wenn wir unsere Masken fallen lassen und uns im Bereich des Herzens begegnen, uns gegenseitig durch die Qualität unserer Gegenwärtigkeit Sicherheit gebend, erfahren wir eine tiefe Verbindung, von der wir intuitiv wissen, daß sie alle nährt. Jedesmal, wenn es uns gelingt, unseren Geist zu beruhigen, wird unser Zuhören intensiver und klarer, tiefer und bedeutungsvoller. Uns wird bewußt, daß wir mehr wissen, als wir bisher annahmen, und daß wir von unserem Inneren heraus das Herz eines anderen leidenden Wesens erspüren können. Jedesmal wenn wir trotz unserer Angst und unserer Defensivität dem Leid anderer gegenüber aufgeschlossen bleiben können, nehmen wir eine Liebe in uns wahr, die ständig bedingungsloser wird …

Allen uns behindernden Gewohnheiten ist gemeinsam, daß sie uns zeigen, daß wir in uns selbst gespalten sind und von anderen abgeschnitten erscheinen. Allen Momenten und Handlungen, die Hilfe vermitteln, ist jedoch gemeinsam, daß sie die Erfahrung von Einheit geben: Verstand und Herz arbeiten zusammen, und die Barrieren zwischen uns lösen sich auf.

Mutter Teresa, die kniend einen sterbenden Leprakranken in den Armen hält, sieht nur „Christus in seiner qualvollen Verkleidung". Sie hilft nicht nur einem „sterbenden Leprakranken". Sie liebt Gott, jedem Wesen, mit dem sie zusammen ist, universelle Qualitäten der Vollkommenheit und der Schönheit bestätigend. Man kann sich vorstellen, wie es einem ergehen mag, wenn man in den letzten Augenblicken seines Lebens so gehalten wird.

Die hinduistische Gottheit Hanuman offenbart ein ähnliches Beispiel des Dienens als hingebende Verehrung. Jede Handlung, die er ausführt, verwandelt sich in eine Opfergabe für Rama (Gott). Sein Dienen führt ihn zur unmittelbaren Scheidegrenze vereinigender Liebe. Wie kraftvoll seine Vision doch ist: „Wenn ich weiß, wer ich bin, dann bin ich Eins mit Dir. Wenn ich nicht weiß, wer ich bin, *diene* ich Dir."

Für diese beiden inspirierenden Wesen und für uns alle kann die geringste fürsorgliche Handlung – das Glätten des Bettzeugs eines bettlägrigen Freundes, das Austeilen von Nahrung an Bedürftige, die Begrüßung und Bewirtung eines Fremden, das Besänftigen eines kleinen Kindes – ein Mittel sein, um die herausragende Einheitlichkeit des Lebens in der Liebe zu manifestieren.

Ram Dass / Paul Gorman, Wie kann ich helfen?

Sieg über das Ich

Eines Tages, da er in glühendes Beten vor Gott vertieft war, kam Franziskus die Antwort: „Franz, was du bisher fleischlich geliebt und erstrebt hast, das mußt du verachten und hassen, wenn du meinen Willen erkennen willst. Hast du erst einmal damit begonnen, so wird dir hinfort unerträglich sein, was dir bisher liebwert und süß erschien; und aus dem, was dich vorher schaudern machte, wirst du tiefes Glück und unermeßlichen Frieden schöpfen."

So im Herrn gestärkt, begegnete er auf einem Ritt nahe bei Assisi einem Aussätzigen. Bisher hatte er vor solchen Leprösen einen mächtigen Ekel empfunden. Aber siehe, nun stieg er, sich Gewalt antuend, vom Pferde, reichte dem Aussätzigen einen Gulden und küßte ihm die Hand. Auch jener gab ihm den Kuß des Friedens. Dann stieg Franz wieder zu Pferd und ritt weiter.

Von da an begann er, immer mehr sich zu verachten, bis er durch Gottes Gnade zum vollen Sieg über das eigene Ich gelangte.

Wenige Tage später nahm er eine große Summe Geldes und ging zum Siechenhaus. Nachdem er alle Aussätzigen um sich versammelt hatte, reichte er einem jeden seine Gabe und küßte ihm die Hand. Und als er von dannen ging, war wirklich in Süße für ihn verwandelt, was ihn bisher bitter gedünkt hatte: Aussätzige zu sehen und anzurühren. Denn so widerwärtig war ihm früher deren Anblick gewesen, daß er nichts von ihnen sehen und noch weniger ihrer Behausung nahe kommen wollte. Und wenn es doch einmal geschah, daß er an einem solchen Haus vorbeikam oder einen Aussätzigen erblickte, wandte er das Gesicht ab und hielt sich die Nase zu – auch wenn er sich von Mitleid bewegen ließ, ihnen durch eine Mittelsperson Almosen zukommen zu lassen.

Aber durch die Gnade Gottes wurde er so vertraut und gut Freund mit den Aussätzigen, daß er unter ihnen lebte und ihnen demütig diente, wie er selbst in seinem Testament bezeugt hat.

Franziskus, Dreigefährtenlegende

Geheimnis

Erbarmen ist das innerste Geheimnis Gottes. So heißt es auch in der Liturgie, es sei Gott eigen, sich zu erbarmen und den Geist des Erbarmens zu verleihen. Gott schenke uns diesen Geist des Mitleidens und des Erbarmens in Fülle und halte ihn lebendig in uns!

Es geht nicht nur um die Liebe zu Gott, sondern auch um die Liebe zum Mitmenschen aus Liebe zu Gott.

Das ist so hoch, daß der menschliche Verstand es nicht begreifen kann. Wir haben göttliches Licht nötig, wenn wir die Höhe und Tiefe, die Weite und Herrlichkeit dieser Liebe erfassen wollen.

Wir müssen uns ganz Gott hingeben, um uns dieser Wahrheit tief bewußt zu werden, damit sie unser ganzes Leben, unser ganzes Tun durchdringt.

Gott hat uns zu Helfern seiner unendlichen Vaterliebe erwählt. Er will, daß diese Liebe sich in der ganzen Welt ausbreitet und um sich greift.

Würden wir doch dieses gewaltige Geschehen immer tiefer erfassen! Solange wir leben, können wir es nicht ausschöpfen. Wenn wir es klar sähen, würde es unser Leben radikal verändern.

Die Armen sind unsere Herren, sie sind unsere Könige. Man muß ihnen gehorchen. Es ist keine Übertreibung, sie so zu bezeichnen; denn in den Armen ist unser Herr gegenwärtig.

Der Armendienst ist allen andern vorzuziehen und immer sofort zu leisten …

Wenn ihr also das Gebet um eines Armen willen verlaßt, dann bedenkt, daß gerade das Gottesdienst ist. Die Liebe, auf die alles ausgerichtet sein muß, steht über den Regeln. Sie ist die Herrin. Also muß man alles tun, was sie befiehlt.

Vinzenz von Paul, Worte des Erbarmens

Überwindung

Im Leben der Heiligen war oft die heldenhafte Überwindung des Widerwillens der Schlüssel zu ihrer großen Heiligkeit. So war es bei Franz von Assisi: Als er einem Leprakranken begegnete, wandte er sich zunächst ab. Doch dann überwand er sich und küßte das schrecklich entstellte Gesicht. Daraufhin wurde Franziskus von einer unsagbaren Freude erfüllt. Er wurde ganz Herr seiner selbst, und der Leprakranke ging fort und pries Gott für seine Heilung.

Wenn wir einen Kranken oder Bedürftigen pflegen, berühren wir den leidenden Leib Christi. Diese Berührung gibt uns Kraft; sie läßt uns das Widerstreben und die natürlichen Empfindungen vergessen. Wir müssen diese Menschen in tiefem Glauben anschauen, um Christus in ihnen zu sehen. In den zerschundenen Leibern und schmutzigen Kleidern verbirgt sich der Schönste aller Menschen. Wir bräuchten die Hände Christi, um diese von Leid und Schmerz gezeichneten Körper berühren zu können.

Wenn ihr am Abend zu Bett geht, braucht ihr euch nur zu fragen: „Was habe ich heute für Jesus getan? Was habe ich heute mit Jesus getan?" Ihr braucht nur auf eure Hände zu schauen. Das ist die beste Gewissenserforschung.

Mutter Teresa, Die Sprache des Herzens

Die Welt ist voller Leid; sie ist ebenso voll von seiner Überwindung.

Helen Keller

Sussja und die Armen

In einer Herberge wurde der berühmte Rabbi Sussja von einem reichen Reisenden für einen Bettler gehalten und dementsprechend behandelt. Später erfuhr der Reiche, mit wem er es zu tun gehabt hatte, und eilte herbei, von Gewissensbissen geplagt: „Vergebt mir, Rabbi, sonst finde ich nie mehr Ruhe." Daraufhin lächelte Rabbi Sussja ihn an und schüttelte den Kopf: „Warum bittest du Sussja, dir zu verzeihen? Du hast ihm nichts getan! Nicht Sussja hast du beleidigt, sondern einen armen Bettler; geh hin und bitte überall die Armen um Vergebung!"

Chassidische Geschichte

Rabbi der Barmherzigkeit

Rabbi Mosche Löb hatte keine eigene Philosophie. Er wünschte nur, die Untröstlichen zu trösten, das war alles. Zu einem Armen oder Unglücklichen schickte er keinen Boten, sondern kümmerte sich persönlich um ihn. Er wußte immer, wenn irgendwo Kinder krank waren, dann ging er hin, streichelte ihnen die Hände oder erzählte ihnen Geschichten. Er besaß eine Liste mit allen einsamen Witwen von Sassow. Jeden Morgen suchte er sie auf, um ihnen nur guten Tag zu sagen. Man sah nicht selten, daß er auch Christenkinder auf den Armen wiegte und küßte, weil sie krank oder traurig oder allein waren.

Wenn ihr nicht wißt, ob euer Tun richtig ist, dann fragt euch, ob ihr dadurch den Menschen näherkommt. Ist das nicht der Fall, dann wechselt schleunigst die Richtung; denn was euch den Menschen nicht näherbringt, entfernt euch von Gott. Wenn euch die Liebe zu Gott von den Menschen entfernt oder wenn sie eure Liebe zu den Menschen schwächer macht, dann muß sie falsch sein – so lautete die Lehre in Sassow. Man muß Gott *und* die Menschen lieben, nicht Ihn gegen sie oder ohne sie lieben, das war der Chassidismus, wie er von Sassow gelebt wurde.

Im Anfang schuf Gott Himmel und Erde – was bedeutet das eigentlich? „Es bedeutet", sagte Rabbi Mosche Löb, „daß wir vor allen Dingen erkennen müssen, daß die ganze Schöpfung von Gott kommt; daß alle Wesen in Ihm wurzeln und alles, was sie besitzen oder zu besitzen wünschen, Ihm gehört. Wie könnte Gott die Menschen lieben, wenn sie einander nicht lieben?"

Eines Tages gab er die letzten Pfennige, die er hatte, einem Säufer, der natürlich nichts Eiligeres zu tun hatte, als sie an der nächsten Ecke in die Kneipe zu bringen.

„Aber, Rebbe", wurde er gefragt, „warum trifft Eure Gutherzigkeit keine bessere Wahl? Daß Ihr gerne den Armen helft, ist verständlich, warum aber einem Trunkenbold?"

„Das ist ganz einfach", erwiderte Rabbi Mosche Löb. „Wer hat mir mein Geld gegeben? Gott – er sei gelobt –, oder stimmt das etwa nicht? Ja, glaubt ihr denn, daß er nichts anderes zu tun hat, als zu sortieren und abzuwägen? Warum soll ich es anders machen?"

Aber was ist Liebe, was ist diese Art von Liebe?

„Ich gestehe, ich habe ihre Bedeutung durch zwei Säufer kennengelernt", sagte Rabbi Mosche Löb. „Ich habe sie in einem Wirtshaus gesehen. Sie saßen an einem Tisch, eine ganze Batterie Flaschen vor sich, und tranken und tranken, ohne sich dabei überhaupt anzusehen. Dann und wann machten sie eine Pause und lallten mit schwerer Zunge. „He, Alexej", sagte der Jüngere, „bist du mein Freund? Liebst du mich auch?" – „Sicher, Iwan. Ich bin dein Freund. Ich liebe dich sehr." Halb benebelt leerten sie wie im Traum die nächste Flasche. Dann wandte Iwan sich von neuem an seinen Freund: „Alexej, bist du auch wirklich mein Freund? Liebst du mich wirklich?" – „Natürlich, Iwan." Sie tranken weiter, und das gleiche Frage-und-Antwort-Spiel wiederholte sich immer wieder, bis Alexej schließlich böse wurde: „Wie oft soll ich es dir denn noch sagen, Iwan? Ich bin dein Freund und liebe dich sehr! Bist du eigentlich taub oder betrunken?“ Iwan schwieg eine Weile. Sein Blick wurde schwer, und seine Stimme klang sehr traurig, als er sagte: „Alexej, Alexej, wenn du wirklich mein Freund bist, wenn du mich so sehr liebst, wie du es sagst, wie kommt es dann, daß du nicht weißt, was mir weh tut?“

Aus dieser Geschichte lernen wir auch, daß es wichtig ist, zuhören zu können, mitzufühlen und Dinge zu begreifen, ohne daß sie ausgesprochen werden. Das Gegenteil von Liebe ist nicht Haß, sondern Gleichgültigkeit, das Gegenteil von Leben nicht der Tod, sondern die Gefühllosigkeit. Iwan hat recht, wenn Alexej nicht weiß, was ihm weh tut, ist er nicht sein Freund.

Elie Wiesel, Geschichten gegen die Melancholie

Rettung

Ich halte einen aidskranken Jungen sanft in meinen Armen. Mein Gesicht ist in seinem Haar vergraben. Unsere Herzen sind einander zugewandt. Aus ihnen sprechen kein sterbenskranker Junge und kein fürsorglicher Mann, sondern zwei Wesen, die sich inmitten und jenseits ihres Dramas hier und jetzt achten. Wir teilen die Größe des Augenblicks, die Stille im Innern des Wirbelwinds der Angst und Verwirrung. In diesem zeitlosen Augenblick haben wir beide Platz. Wir sind im Reich der Liebe vereint. Wir sind frei.

Jetzt befreit mich die Liebe zu anderen. In ihr liegt keine Besitzgier mehr, und sie hat eigentlich nichts Romantisches an sich. Es ist so, als teile man sich einen von Liebe erfüllten Raum.

Rabindranath Tagore, der große indische Lyriker, sagte: „Ich schlief und träumte, das Leben sei Freude. Ich erwachte und sah, das Leben war Pflicht (Dharma). Ich handelte, und siehe, die Pflicht war Freude!“

Und Gandhi sagte: „Wenn du dich Gott, als der einzigen Wahrheit, die zählt, aus ganzem Herzen hingibst, findest du dich im Dienst an allem wieder, was existiert. Es ist dir Freude und Erholung, und niemals wirst du müde, für andere dazusein."

Wir sind alle Mitglieder einer großen Familie. Innerhalb dieser Familie tragen alle unsere Liebestaten, so klein und unbedeutend sie auch erscheinen mögen, zur Wirklichkeit der Liebe bei, die das ganze Universum umspannt. So wie es die Milliarden kleiner Akte der Ignoranz, Gier, Gewalt und Ausbeutung waren, die das Elend und den momentanen Zusammenbruch herbeiführten, so sind es die Milliarden kleiner Akte der Nächstenliebe – die Klugheit, Können und Freude einschließt –, die die Situation retten.

Ram Dass/Paul Gorman, Wie kann ich helfen?

3
Wie helfen? Was wir einander sein und geben können

Lächeln ist der Anfang der Liebe. Seid freundlich
und barmherzig. Laßt niemanden, der zu euch kommt,
nicht besser und glücklicher wieder gehen.

Mutter Teresa

Und wenn ich all meine Habe zu Almosen mache
und wenn ich meinen Leib hingebe zum Verbrennen,
habe aber die Liebe nicht, so nutzt es mir nicht.

Paulus, Der erste Brief an die Korinther

Kannst du geduldig abwarten, bis sich dein Bodensatz
gelegt hat und das Wasser klar ist?
Kannst du still verharren, bis sich das richtige Tun
von selbst nahelegt?

Taoteking

Wenn ihr gemeinsam unterwegs seid
und einer von euch fällt hin, helft ihm auf
und geht alle etwas langsamer.

Popol Vuh, Heiliges Buch der Maya

Besuch

„Ick will nich mehr leben", sagt Frau Vogel, zieht ihren Morgenmantel eng um die Schultern. „Ooch die Ziarette schmeckt mir nich mehr. Ick kann Jünthern det nich mehr zumuten, 'ne kranke Mutter seit Monaten. Der hat ja nischt mehr vom Leben, der Junge. Det hat er nu nich verdient. Jeden Tag besucht er mir. Ick hab' ihm schon jesacht, er soll keene Blum' nich bringen, det kost' doch 'n Vermöjen. Jestern war er ooch wieder hier. Ne, ne, det jeht einfach nich." Sie streicht eine unsichtbare Strähne aus der Stirn, zieht ihr Kopftuch gerader. „Komm' Se, ick will wieder ins Bett."

Von der Schwester weiß ich, daß Günther sie seit drei Wochen nicht mehr besucht hat.

Marina Schnurre, Ich will fliegen, leben, tanzen

Schwerhörig

Der Nachbar eines Mannes war schwer erkrankt. Ein Krankenbesuch war ein Gebot der Höflichkeit und unumgänglich. Aber der Mann war im Alter völlig taub geworden, und da stellte ihn ein Besuch natürlich vor ein Problem: „Ich werde mit meinen schlechten Ohren nichts verstehen" sagte er. „Vermutlich wird der Kranke auch geschwächt sein und nur noch eine schwache Stimme haben. Aber ich komme nicht um einen Besuch herum. Vielleicht kann ich von seinen Lippen ablesen, was er meint." Er faßte Mut und stellte sich die Situation auch ganz deutlich vor. „Ich werde ihn fragen: Wie geht es dir, mein Lieber?, und sicher wird er antworten: Gut, oder Es geht schon wieder so einigermaßen. Gott sei Dank! werde ich darauf sagen, und dann: Und du hast hoffentlich etwas Nahrhaftes getrunken? Eine kräftige Suppe, wird er antworten. Wohl bekomm's! werde ich sagen. Und dann: Welcher Arzt betreut dich denn? Der und der, wird er antworten. Bestens. Der hat einen ausgezeichneten Ruf, werde ich darauf erwidern. Der hat noch jeden kuriert. Es wird alles gut gehen, wenn ich mich so allgemein und ungefähr ausdrücken werde.

Er besuchte also seinen kranken Nachbarn und fragte ihn: „Wie geht es dir denn?" „Ich sterbe", hauchte der Kranke, wirklich kaum hörbar. Und unser Mann erwiderte mit kräftiger Stimme und fröhlichem Gesicht: „Gott sei Dank!" Der Kranke wurde noch bleicher und sagte zu sich selber: „Was ist in meinen Nachbarn gefahren? Wie boshaft er ist!"

Der Taube fragte weiter: „Was hast du getrunken?" „Das ist es ja, ich habe meinen Magen vergiftet" sagte der Kranke, und der Mann erwiderte: „Wohl bekomm's!" Der Kranke wurde immer verwirrter. Der Schwerhörige fragte weiter: „Welcher Arzt kommt und behandelt dich?" „Der Todesengel kommt", sagte der Kranke. „Geh jetzt!" Der Mann erwiderte: „Er ist sehr angesehen. Freue dich!"

Der Schwerhörige lächelte noch einmal, ging dann und sagte sich befriedigt: „Gott sei Dank, nun habe ich doch alles gut hinter mich gebracht und dem armen Mann die Freude meines Besuchs bereitet", während der Kranke dachte: „Er ist mein Feind. Ich hatte zeitlebens keine Ahnung, wie böse dieser Nachbar wirklich ist."

Persische Geschichte

Erhört

Von einem chassidischen Meister wird erzählt, daß er in besonderer Weise aus allerhand Nöten helfen konnte. Manchmal schien seine Kraft an Zauberei zu grenzen. Ein Bauer, der ehelos geblieben war und sehr darunter litt, ging daher mit seiner Frau zu dem frommen Mann und flehte ihn an, ihrer Ehe zu einem Kind zu verhelfen. „Gebt mir 52 Gulden", sagte der Fromme. „Denn dies ist der Zahlenwert des Wortes *ben ‚Sohn.'*." „Zehn wollen wir euch geben, mehr haben wir nicht", sagte der Bauer. Aber der Fromme weigerte sich, sie anzunehmen. Da ging der Mann auf den Markt, verkaufte alles, was er an diesem Markttag bei sich hatte und schüttete den gesamten Erlös auf dem Tisch des Meisters aus: 20 Gulden. Doch der ließ von seiner Forderung nicht ab. Er wollte 52 Gulden. Da geriet der Bauer in Wut. Er raffte all das Geld zusammen, packte seine Frau, schob sie zur Tür der Stube hinaus und sagte zu ihr: „Weib, wir gehen. Gott wird uns auch so helfen." Der alte fromme Chassid rief ihnen nach: „Ihr habt die Hälfte der Hilfe bereits erwirkt!" Und so war es tatsächlich. Binnen kurzem wurde die Frau des Bauern schwanger.

Chassidische Geschichte

Geheilt

Zu seinem Rabbiner kam einmal ein Mann seiner Gemeinde,. der unter dunklen Anwandlungen und Depressionen litt, aus denen ihn keiner befreien konnte. Er bat um Hilfe. „Ich kann sie dir nicht geben", sagte der Rabbiner. „Aber geh zum Rabbi Schlomo von Karlin. Vielleicht weiß er Dir Rat." Der Kranke machte sich auf den Weg und traf in Karlin ein, als der Rabbiner gerade die Festtagsleuchter für Chanukka ansteckte und dabei Psalmen rezitierte. Der Mann bliebt stehen und lauschte. Der Rabbiner sprach weiter, ohne sich auch nur umzudrehen. Als er zu der Stelle kam, die lautet: „Und er entriß uns unseren Bedrängern", wandte er sich zu dem Gast um, klopfte ihm auf die Schultern und fragte: „Glaubst du, daß Gott die Macht hat, uns aus aller Angst und Bedrängnis zu befreien?" „Das glaube ich", sagte der. Und von dieser Stunde an war er von seinen dunklen Gedanken und Anwandlungen frei.

Chassidische Geschichte

Gar nicht witzig

„Kannst du mir ein paar Mark borgen?"

„Ich habe nebbich nichts bei mir."

„Und zu Hause?"

„Danke, zu Hause sind alle gesund."

Einem Mann geht es so schlecht, daß er und seine Familie Hunger leiden müssen. Seine Frau macht ihm Vorwürfe: „Warum läßt du dir nicht helfen? Alle unsere Freunde bieten uns dauernd ihre Unterstützung an!"

„Das verstehst du nicht", belehrt sie der Mann. „Die geben nur so lange, als man bestimmt nichts von ihnen annimmt."

Jüdische Witze

Zuckerverbot

Einmal kam eine Frau mit ihrem kleinen Sohn zu Gandhi: „Mahatma-ji, sage meinem Sohn, er soll keinen Zucker mehr essen. Es ist nicht gut für ihn." Gandhi antwortete ihr, sie solle mit ihrem Sohn in einer Woche wiederkommen. Als sie wieder bei Gandhi waren, sagte er zu dem Jungen: „Iß keinen Zucker mehr." Die Frau war baß erstaunt und fragte Gandhi, weshalb er dies nicht schon letzte Woche hätte sagen können. Gandhi antwortete: „Weil ich zu dieser Zeit selbst noch Zucker aß."

Mahatma Gandhi

Diät

„Nichts ist gut oder schlecht, solange es das Denken nicht dazu macht", sagte der Meister.

Als er gebeten wurde, das näher zu erklären, sagte er: „Ein Mensch hielt fröhlich sieben Tage in der Woche ein religiöses Fastengebot ein. Sein Nachbar verhungerte bei der gleichen Diät."

Anthony de Mello, Zeiten des Glücks

Essensannahme

Die Menschen verbergen ihre Not oft, vor allem, wenn sie einmal bessere Zeiten gekannt haben. Wie ein Mann, der einmal hierherkam. Es war ihm früher bessergegangen. Er hatte einen Abstieg im Leben gemacht. Eines Tages kam er zu uns. Er sagte: „Mutter Teresa. Ich kann das Zeug nicht essen, was dort ausgeteilt wird." Darauf sagte ich zu ihm: „Ich esse das jeden Tag." Er sah mich an und fragte: „Sie essen das?", und ich antwortete: „Ja." Daraufhin meinte er: „Dann werde ich es auch essen." Daß ich dasselbe aß, gab ihm den Mut, die Erniedrigung anzunehmen. Wenn ich das nicht hätte sagen können, wäre in seinem Innern vielleicht Härte und Verbitterung zurückgeblieben und er hätte nichts annehmen können. Aber sobald er wußte, daß ich an seiner Seite war, fand er den Mut.

Mutter Teresa, Zeiten der Barmherzigkeit

Erziehungsmaßnahme

Einmal wurde der berühmte Zen-Mönch Ryokan von seinem Bruder gebeten, er möge ihn doch besuchen kommen, um mit seinem widerspenstigen Sohn zu sprechen. Ryokan kam, äußerte dem

Jungen gegenüber jedoch kein Wort der Ermahnung. Er blieb über Nacht und bereitete morgens seine Abreise vor. Als der ungehorsame Sohn Ryokans Sandalen festband, verspürte er auf seinem Gesicht einen Tropfen warmen Wassers. Er schaute auf und sah Ryokan, der auf ihn niederschaute und dessen Augen voller Tränen waren. Ryokan kehrte nach Hause zurück, und der Neffe verwandelte sich fortan zum Besseren.

Zengeschichte

Hilfe

Wenn Zen-Meister Bankei seine Meditationswochen abhielt, kamen Schüler aus allen Teilen Japans, um an ihnen teilzunehmen. Während eines dieser Treffen wurde ein Schüler beim Stehlen ertappt. Man trug die Sache Bankei vor mit der Bitte, der Täter möge aus der Gruppe entfernt werden. Bankei ignorierte den Vorfall. Etwas später wurde der Schüler wieder bei einem Diebstahl ertappt, und wieder übersah Bankei die Angelegenheit. Dies ärgerte die anderen Schüler, und sie schrieben an Bankei ein Gesuch, in dem sie die sofortige Entfernung des Diebes forderten, andernfalls würden sie alle zusammen das Kloster verlassen. Als Bankei das Gesuch gelesen hatte, rief er alle zu sich. „Ihr seid kluge Männer", sagte er zu ihnen. „Ihr wißt, was recht und unrecht ist. Wenn ihr wollt, so geht, um anderswo zu studieren, aber dieser arme Bruder kann nicht einmal zwischen Recht und Unrecht unterscheiden. Wer wird ihn unterrichten, wenn ich es nicht tue? Ich werde ihn hierbehalten, selbst wenn ihr anderen alle geht." Als er diese Worte vernahm, läuterte ein Strom von Tränen das Gesicht des Diebes, und jegliches Verlangen zu stehlen war von ihm gegangen.

Zengeschichte

Nichts Abstraktes

Ein Zen-Mönch fragte Meister Hue Tu: „Was ist das Wesen des Buddhismus?"

Hue Tu gab zur Antwort: „Was kostet der Reis in Lu Lang?"

Zengeschichte

Verwandlung

Eine Frau, die über den Tod ihres Sohnes verzweifelt war, kam zum Meister, um getröstet zu werden.

Er hörte geduldig zu, als sie ihm ihr Leid klagte.

Dann sagte er sanft: „Ich kann deine Tränen nicht trocknen, meine Liebe. Ich kann dich nur lehren, wie du sie heiligen kannst."

Anthony de Mello, Zeiten des Glücks

Falscher Trost

Bei einem Nachbarn des Rabbi Mosche Löb waren mehrere Kinder nacheinander im zarten Alter gestorben. Die Mutter klagte eines Tages ihr Leid der Frau des Rabbi: „Was für ein Gott ist das? Er ist grausam und nicht barmherzig. Er nimmt, was Er gegeben hat."

„Du darfst nicht so reden", sagte die Frau des Zaddik. „Die Wege des Himmels sind unergründlich. Man muß lernen, sein Schicksal anzunehmen."

In diesem Augenblick erschien Rabbi Mosche Löb auf der Türschwelle und sagte der unglücklichen Mutter:

„Und ich sage dir, Frau, man muß es nicht annehmen! Man muß sich nicht unterwerfen. Ich rate dir, zu rufen, zu schreien, zu protestieren, Gerechtigkeit zu fordern, verstehst du mich, Frau? Man darf es nicht annehmen!"

Chassidische Geschichte

Hören und handeln

Jeder Mensch hat in sich Anstand und Güte. Wenn er darauf hört und danach handelt, dann gibt er der Welt eine Menge von dem, was sie am meisten braucht. Es ist nicht schwierig. Aber es erfordert Mut: den Mut, auf seine eigene Güte zu hören und nach ihr zu handeln.

Pablo Casals

Risiko

Ein großer, starker Samurai ging einst zu einem kleinen Mönch. „Mönch", sagte er mit einer Stimme, die Gehorsamkeit verlangte. „Ich brauch' deine Hilfe, und zwar sofort: Lehre mich, was Himmel und Hölle sind!"

Der Mönch schaute diesen Krieger mit großer Verachtung an und sagte: „Dich soll ich über Himmel und Hölle belehren?! Dir könnte ich nichts beibringen. Du bist schmutzig. Du stinkst. Du bist eine Schande und eine Beleidigung für den Stand der Samurai. Hinaus! Ich kann deinen Anblick nicht länger ertragen!"

Der Samurai war wutentbrannt. Er zitterte, wurde im Gesicht ganz rot und konnte vor Zorn nicht sprechen. Er zog sein Schwert aus der Scheide und hob es über sein Haupt, um den Mönch zu töten.

„Das ist die Hölle", sagte der Mönch sanft.

Der Samurai war überwältigt. Das Mitgefühl und die Hingabe dieses kleinen Mannes, der sein Leben eingesetzt hatte, um ihm diese Lektion über das Wesen der Hölle zu geben, hatten ihn so stark berührt! Er senkte langsam sein Schwert, voller Dankbarkeit und jetzt plötzlich von Frieden erfüllt.

„Und das ist der Himmel", sagte der Mönch sanft.

Zengeschichte

Hölle und Himmel

Was ist der Himmel? Und was ist die Hölle? Beide haben mit dem Tun der Menschen zu tun. In diesem – und im anderen Leben. Eine alte Geschichte erzählt davon, daß ein Mensch einen Blick in das Jenseits werfen durfte. Er sah, wie Menschen an einer reich gedeckten Tafel saßen, die herrlichsten Speisen vor ihnen. Sie aber waren ausgemergelt, trostlose, elende Gestalten. Da bemerkte er, daß sie überlange Löffel und Gabeln hatten, länger als ihre Arme und daß sie ihren Mund damit nicht erreichen konnten. Unendliche Gier und unendliche Verzweiflung waren gleichzeitig in ihre Gesichter gezeichnet. Es war die Hölle. Da fragte der Mensch: Und wie ist es im Himmel? Sein Begleiter gab ihm zur Antwort. „Genauso, die gleichen Speisen, das gleiche Besteck. Nur, daß die Menschen sich gegenseitig die Speisen reichen."

Anonym

Bedeutung

„Was verleiht denn einer Tat Bedeutung?", fragt ein Schüler den Meister.

Die Antwort: „Sie um ihrer selbst willen mit seinem ganzen Sein tun. Dann ist es uneigennütziges, gott-ähnliches Handeln."

Anthony de Mello, Zeiten des Glücks

Jeder hat, was er gibt

Was ich habe, habe ich in der Hand, was ich gebe, gebe ich aus der Hand; was ich aus der Hand gebe, das habe ich also nicht mehr. Aber kann man die Perspektive nicht auch umdrehen? Ich habe nur das, zu dem ich ein Verhältnis habe. Um zu etwas ein Verhältnis zu haben, gehört es aber, auch Distanz zu ihm zu haben, ihm gegenüber zu sein, nicht platt in ihm aufzugehen. Meinungen und Eigenschaften, die ich so sehr habe, daß ich in ihnen aufgehe, ohne ihrer ansichtig werden, ohne mich mit ihnen auseinandersetzen zu können, habe ich eigentlich gar nicht mehr; solche Haltungen und Meinungen haben mich …

Den Schatz, den ich in meinem Acker vergrub, habe ich nicht mehr, wenn ich vergesse, daß ich ihn vergraben habe. Ich habe ihn, sofern ich ihn ans Licht heben kann, weitergeben kann – andernfalls kommt er nicht zur Wirkung, ja andernfalls könnte ich ihn nicht einmal schützen, daß nicht andere ihn finden und haben.

Nur was ich ins Spiel bringe, habe ich; nur was zwischen dir und mir lebt, lebt auch für mich, nur was ich nicht nur von mir her, sondern auch von dir her und für dich, von uns her und für uns habe, entfaltet seine Fülle, entfaltet seine Kostbarkeit, wird wahrhaft das, was ich *habe.* Was mir an den Händen klebt, das kann ich nicht von allen Seiten sehen und ermessen. Nur was auch für andere, was zwischen anderen und mir da ist, zeigt sich mir und schenkt sich mir. Also: Ich habe nur, was sich mir schenkt – und nur das kann sich mir schenken, was ich in die Offenheit, ins Miteinander, ins Zwischen hinein verschenke.

Da gehört freilich auch die Gefährdung, die Möglichkeit des Verlustes hinzu. Und es gehört noch mehr der Schmerz hinzu, daß Ganz-Haben nicht mehr heißen kann Nur-Haben. Aber genau dieser Schmerz enthüllt erst die Kostbarkeit dessen, was ich loslasse. Und wenn ich dieses Loslassen wirklich „tue“, wenn ich es in „Schenken“, in „Gönnen“ verwandle, dann gewinnt das Verschenkte in mir selbst seine Fülle und für mich selbst seine Unverlierbarkeit. Was ich festhalte, das ist überschattet und verdunkelt von der Angst, es zu verlieren; wenn es nur mein ist, ist es nicht ganz es selbst – und kann so gerade nicht *als* es selbst mein sein, nicht *ganz* mein sein. Es bestätigt sich: Gib, was du hast – sonst hast du es nicht.

Wir können nicht dabei stehenbleiben, nur das, was wir haben, zu geben. Drohten wir sonst nicht, uns zu verfangen in die eigentümliche Tristesse des bloßen Spielers, der zwar alles, was er hat, aufs Spiel setzt – aber wenn er es verliert, ist es ihm wirklich genommen? Nur das Schenken, nur das Geben bringt das, was ich einsetze und verliere, wahrhaft zum andern und wahrhaft zu ihm zurück. Was aber heißt Schenken und Geben? Wer sagt „Nimm!“, der sagt „für dich!“ „Für dich“, das kann aber nur *ich* sagen. Wer gibt, wer schenkt, der gibt und schenkt sich selber mit, indem er etwas schenkt. Er setzt sich selber aus, wendet sich selber zu, bringt sich selbst in die Gefahr, sich weggenommen oder gar zurückgestoßen, abgelehnt zu werden. Doch so, in dieser Aussetzung seiner selbst, in dieser Lösung von sich selbst, kommt er zu sich selbst. Wer sich um jeden Preis selber festhält, wer nicht von sich läßt, der sieht sich nicht, und wer sich nicht sieht, der hat sich nicht. Nur wenn ich eingebracht bin ins Feld zwischen mir *und* dir, nur wenn ich mich wahrhaft überschreite im Schritt von mir weg auf dich hin, kann ich mich haben. Und nur wenn ich mich habe, bin ich ich selbst und nicht ein totes, bloß vorhandenes Ding. Gib und gib so, daß du dich mitgibst; gib dich mit dem, was du gibst – dann hast du dich selbst, und dann bist du du selbst.

Einen Unterschied freilich müssen wir beachten: sich geben heißt nicht, sich vergeuden. Der Unterschied zwischen Sich-geben und Sich-vergeuden besteht aber nicht darin, daß jener, der sich gibt, sich wohldosiert gibt, der andere hingegen total. Nein, der Unterschied liegt anderswo, er liegt im Wort Du. Nur wenn ich mich *dir* gebe, vergeude ich mich nicht. Nur wenn ich mich nicht weghaben will von mir, sondern wenn ich um deinetwillen auf dich zu, mich von mir löse, dich bejahe, gehe *ich* auf. Mein Sein ist nicht adressiert an ein Niemand und Nichts, sondern adressiert ans Du – und nur im Du geht das Ich nicht verloren, löscht es nicht aus. Das bloß vergeudete Ich, das nicht hingegebene Ich wird wiederum zur bloßen Sache.

Klaus Hemmerle, Jeder hat, was er gibt

Berühren, um zu verstehen

*I*ch möchte nicht, daß du einfach von deinem Überfluß abgibst. Du sollst berühren, um zu verstehen. Wir sind nicht Sozialarbeiter, sondern Kontemplative in der Welt. Bei unserer Arbeit unter den Ärmsten der Armen berühren wir Jesus alle vierundzwanzig Stunden des Tages.

Die ganz Armen brauchen nicht Worte, sondern Taten; und ich kann nicht Systeme, wirtschaftliche Modelle und Ideologien analysieren. Ich erkenne, daß jeder Mensch ein Gewissen hat, dessen Ruf er folgen muß. Meines ist so. So oft hat man mir gesagt, ich müßte nicht Fische geben, sondern Ruten, damit die Menschen selbst fischen können. Mein Gott! Wie oft haben sie nicht die Kraft, eine Rute zu halten! Wenn ich ihnen Fisch gebe, helfe ich ihnen, die Kraft zu gewinnen, die sie morgen zum Fischen brauchen.

Da sind diejenigen in der Welt, die für Gerechtigkeit und Menschenrechte kämpfen, die versuchen, die Strukturen zu verändern. Wir übersehen das nicht. Doch wir stehen täglich Menschen gegenüber, die nicht ein Stück Brot zu essen haben. Unsere Berufung ist, das Problem des Einzelnen und nicht des Kollektivs zu betrachten. Wir sorgen für den Einzelnen und nicht für die Masse. Wir suchen den Menschen auf, mit dem Christus sich eins sah, wenn er sagt: „Ich war hungrig“, „Ich war krank“. Auch wer das Problem der Armut verstandesmäßig kennt, hat es nicht verstanden. Nicht durch Lesen, nicht bei einem Rundgang durch die Slums, während dessen wir das eine bewundern und das andere bedauern, können wir es verstehen und entdecken, was darin Gutes und Böses liegt. Wir müssen in die Armut hineintauchen, sie leben, sie teilen.

Vor einigen Wochen fand ich ein hungerndes Kind auf der Straße. Wer weiß, wie viele Tage es nichts gegessen hatte. Ich gab ihm ein Stück Brot; das Kind nahm es und begann eine Krume nach der anderen zu essen. Ich sagte ihm: „Nimm nur, iß das Brot!" Das Kind schaute mich an und sagte: „Ich habe Angst. Wenn ich das Brot aufgegessen habe, bekomme ich wieder Hunger!" Der Schmerz des Hungers ist etwas Schreckliches. Dieses Kind hat ihn schon erfahren. Ihr wißt vielleicht nicht, was Hunger ist, und werdet es nie wissen. Aber denkt daran, die Freude des Lebens mit anderen zu teilen, indem ihr gebt, bis es weh tut.

Mutter Teresa, Zeiten der Barmherzigkeit

Selbst-Hilfe

Daß wir uns selber eine Freude machen und uns letztlich damit selbst etwas Gutes tun, wenn wir anderen helfen, ist eine alte Weisheit, von der bereits die chassidischen Geschichten erzählen. So kam der für seine Weisheit berühmte Rabbi Chofetz Chaim einmal in eine reiche jüdische Gemeinde, als gerade die Wellen des Streits hochschlugen, wer denn die Kosten für die Reparatur des abbruchreifen örtlichen Krankenhauses übernehmen sollte. Er rief die wohlhabendsten Bürger der Stadt zusammen und erzählte ihnen folgende Geschichte: „In der Gemeinde von Biala gab es einmal eine Zeit, wo es keine medizinische Versorgung mehr gab. Die Armen, die krank wurden, mußten in ihren Häusern versorgt werden, während die Reichen es sich leisten konnten, in größere Städte zu reisen, um sich dort im Krankenhaus versorgen zu lassen. Wie wir wissen, schickt Gott Engel, um nach den Kranken zu sehen, und diese Engel begannen sich bei Gott zu beschweren: Wieso er sie immer ausgerechnet in solche ungemütliche Häuser schickte, heruntergekommen, unbeheizt etc. Gott hörte sich die Klagen an und handelte. Er ließ mehr reiche Leute krank werden, so daß nicht mehr alle von ihnen reisefähig waren und in ihren eigenen Häusern bleiben mußten. Die Engel waren ganz zufrieden, auch in solch angenehme Umgebungen geschickt zu werden. Als die Reichen aber merkten, was da vor sich ging, war sehr schnell ein Krankenhaus gebaut, das auch die Armen aufnahm – so komfortabel und wohlausgestattet, daß auch die Engel zufrieden waren. Und die Krankheitshäufigkeit unter den Reichen ging wieder zurück." „Nun", sagte Rabbi Chofetz Chaim zu den reichen Notablen der Stadt, „euer Krankenhaus ist in einem sehr schäbigen Zustand. Ausgesprochen ungemütlich für die Engel. Keine Frage, sie werden sich wieder beschweren. Wenn euch also etwas an eurer Gesundheit liegt, mein Rat ist klar: Sorgt schleunigst für die Reparatur!" Und so geschah es.

Chassidische Geschichte

Die Gabe

Eines Tages drang ein Dieb in die Hütte des Zen-Meisters Shichiri Kojun ein. „Geld her, oder ich werde dich töten!" drohte er. Kojun erwiderte ruhig: „Mein Geld ist dort drüben in der Schublade. Nimm es dir, aber vielleicht bist du so nett und läßt mir noch ein klein wenig übrig, da ich morgen noch etwas Reis einkaufen möchte." Der Dieb war zwar sehr erstaunt, nahm sich dann aber doch fast das ganze Geld. Als er schon an der Tür war, sagte Kojun: „Wenn man etwas erhalten hat, sollte man sich auch dafür bedanken." „Danke", erwiderte der Dieb kopfschüttelnd und verschwand. Wenig später wurde der Mann bei einem anderen Einbruch verhaftet, und er gestand, unter anderem auch den Zen-Meister bestohlen zu haben, der daraufhin zur Polizeiwache gerufen wurde. „Er hat auch Euer Geld gestohlen, nicht wahr?“ fragte der Polizist. „Oh nein, er hat mir nichts gestohlen. Ich gab ihm das Geld, und er bedankte sich dafür“, sagte Kojun. Als der Mann seine wegen der anderen Vergehen gegen ihn verhängte Strafe verbüßt hatte, kam er zu Zen-Meister Kojun und bat darum, sein Schüler werden zu dürfen.

Zengeschichte

Gleichgewicht der Welt

Wenn ein Mensch einem Armen aus bösem Herzen einen Sou gibt, durchbohrt dieser Sou die Hand des Armen, fällt herab, durchbohrt die Erde, durchschlägt die Sterne, durchquert das Firmament und zieht das All mit ins Spiel. Wenn er eine unreine Tat vollbringt, verdunkelt er vielleicht Tausende von Menschenherzen, die er nicht kennt, die geheimnisvoll mit ihm verbunden sind und für die es notwendig ist, daß dieser Mensch rein sei, wie für einen verdurstenden Wanderer ein Becher von dem Wasser notwendig ist, von dem das Evangelium spricht. Eine Tat der Liebe, eine Bewegung echten Mitleids stimmt an seiner Stelle den Lobgesang auf Gott an von Adam bis zum Ende der Zeiten; sie heilt die Kranken, tröstet die Verzweifelten, besänftigt die Stürme, kauft die Gefangenen los, bekehrt die Ungläubigen und bewahrt das Menschengeschlecht.

Léon Bloy, Der beständige Zeuge Gottes

Auch ein armer Mensch, ein Empfänger von Almosen, sollte Almosen geben.

Talmud

Reich und arm

„Gebt, so wird euch gegeben" (Lk. 6, 38). Das ist ein unangreifbarer Spruch, der die Welt reich und arm macht. Die, welche nichts geben und meinen, dadurch ihren Kindern mehr zu hinterlassen, die werden nichts übrigbehalten. Diese Krankheit wird alles verderben, wie es vielen Reichen geschieht und bald geschehen wird. Das Sprichwort bleibt wahr: Unrecht Gut gedeihet nicht, kommt an den dritten Erben nicht.

Martin Luther

Geiz

Einmal sammelte der Ropschitzer Rabbi Geld, um Gefangene freizukaufen, und kam auf seinem Weg in ein kleines Dorf, in dem ein Jude lebte, der für seinen Reichtum genauso bekannt war wie für seinen Geiz.

Voller Angst vor den Überredungskünsten des Rebbe versteckte sich dieser Reiche auf dem Heuboden unter riesigen Heubündeln. Der Rabbi kannte seinen Mann und ging direkt auf das Versteck zu. Als er dem verlegenen Geizhals Auge in Auge gegenüberstand, fand er folgende geschickte Anrede: „Der Talmud sagt, Gastfreundschaft zu gewähren sei noch wichtiger, als die Schechina zu empfangen.

Bisher habe ich nie recht verstanden, warum – jetzt verstehe ich es: Um die Schechina zu begrüßen, verhüllte Mose sein Gesicht. Du dagegen – wenn du Gäste empfängst, verhüllst du deinen ganzen Körper!"

Elie Wiesel, Was die Tore des Himmels öffnet

Hut ab

Der Meister und ein Schüler begegneten unterwegs einem Blinden, der am Straßenrand saß und bettelte. Sagte der Meister: „Gib dem Mann ein Almosen!“ Der Schüler warf eine Münze in den Hut des Bettlers.

Sagte der Meister: „Du hättest deinen Hut ziehen sollen als Zeichen des Respekts.“

„Warum?“ wollte der Schüler wissen.

„Man sollte es immer tun, wenn man ein Almosen gibt.“

„Aber der Mann war doch blind!“

„Man kann es nie wissen“, erwiderte der Meister, „vielleicht war er ein Schwindler.“

Anthony de Mello, Zeiten des Glücks

Voraussetzungen

„Wie soll ich der Welt helfen?“

„Indem du sie verstehst“, sagte der Meister.

„Und wie soll ich sie verstehen?“

„Indem du dich von ihr abwendest.“

„Wie soll ich dann der Menschheit dienen?“

„Indem du dich selbst verstehst.“

Ein Geschäftsmann wollte vom Meister wissen, was das Geheimnis eines erfolgreichen Lebens sei.

Sagte der Meister: „Mach jeden Tag einen Menschen glücklich!“ Und er fügte als nachträglichen Gedanken hinzu: „... selbst wenn dieser Mensch du selbst bist.“

Nur wenig später sagte er: „*Vor allem,* wenn dieser Mensch du selbst bist.“

Anthony de Mello, Zeiten des Glücks

Schnippchen

Es ist mir begegnet, daß ich einen armen Mann auf der Straße abwies, weil ich, während ich ihm eben etwas geben wollte, zugleich an das Wohlgefallen Gottes dachte und nicht aus Eigennutz handeln mochte. Dann dauerte mich aber der Arme, ich lief zurück; allein während des Zurücklaufens dünkte mich gerade dieses Bedauern wieder geziert, ich kehrte nochmals um, bis ich endlich auf den vernünftigen Gedanken kam: Möge dem sein, wie ihm wolle, der arme Mensch müsse jedenfalls zu seiner Sache kommen, das sei die erste Frage! Manchmal kommt dieser Gedanke aber zu spät, und die Gabe bleibt ungegeben. Daher freue ich mich immer, wenn es geschieht, daß ich unbedacht meine Pflicht erfüllt habe und es mir erst nachträglich einfällt, daß es etwas Verdienstliches sein dürfte. Ich pflege dann höchst vergnügt ein Schnippchen gegen den Himmel zu schlagen und zu rufen: „Siehst du, alter Papa! Nun bin ich dir doch durchgewischt ..."

Gottfried Keller, Der grüne Heinrich

Der Engel der Barmherzigkeit

Barmherzig ist, wer ein Herz hat für die Armen, für die Verwaisten und Unglücklichen, für die Einsamen und Bemitleidenswerten. Aber bevor er ein Herz für die Armen haben kann, muß er zuerst ein Herz für das Arme und Unglückliche in sich selbst haben. Wir müssen zuerst lernen, mit uns selbst barmherzig umzugehen. Das deutsche Wort Barmherzigkeit ist eine wortgetreue Übersetzung des lateinischen *misericordia,* ein Herz für die Elenden und Unglücklichen haben. Barmherzig sein heißt, den andern dort eintreten lassen, wo ich selbst verwundbar bin. Und noch ein anderes Wort kennt die Bibel für Barmherzigkeit: *eleos,* das Zärtlichkeit, Mitgefühl, Mitleid bedeutet.

Barmherzig mit sich selbst umgehen, heißt also, zärtlich zu sich sein, gut mit sich umgehen, nicht gegen sich wüten, sich nicht mit Vorsätzen überfordern, sondern zunächst einmal: ein Herz haben für mich, so wie ich geworden bin, ein Herz haben für das Schwache und Verwaiste in mir. Wir gehen oft sehr unbarmherzig mit uns um. Wir verurteilen uns, wenn wir einen Fehler machen. Wir beschimpfen uns, wenn etwas einmal schief läuft. Wir haben in uns einen unbarmherzigen Richter, ein hartherziges Über-Ich, das all unsere Gedanken und Gefühle beurteilt, das uns bestraft, wenn wir seinen Forderungen nicht entsprechen. Gegen dieses unbarmherzige Über-Ich kommen wir oft nicht an. Da brauchen wir die Worte Jesu, der uns den barmherzigen Vater vor Augen führt, der den verlorenen Sohn nicht verstößt, sondern ein Fest mit ihm feiert, weil er, der verloren war, wiedergefunden wurde, weil er, der tot war, wieder zum Leben erweckt wurde. Da brauchen wir einen Engel der Barmherzigkeit, der den inneren Richter in uns entmachtet und unser Herz mit erbarmender Liebe erfüllt. Es genügt nicht, sich nur mit dem Verstand und Willen Barmherzigkeit vorzunehmen. In unserem Unbewußten nistet die Unbarmherzigkeit eines harten Über-Ichs. Um es zu überwinden, bedarf es des Engels der Barmherzigkeit in uns.

Und wenn wir mit uns barmherzig umgehen, dann können wir auch die Barmherzigkeit andern gegenüber lernen. Ich kenne viele Menschen, die sich barmherzig für kranke und einsame Menschen einsetzen, die aber ganz und gar unbarmherzig mit sich selbst umgehen. Für jeden andern Menschen haben sie ein Herz, nur für sie selbst ist kein Platz in ihrem Herzen. Da zwingen sie sich, alle eigenen Bedürfnisse zu unterdrücken, nur um für die andern dazusein. Doch solche Unbarmherzigkeit sich selbst gegenüber wird auch die Hilfe andern gegenüber verfälschen. Da wird sich in meine Liebe ein Besitzanspruch einschleichen. Da bin ich dann ärgerlich, wenn meine übergroße Liebe nicht honoriert wird. Damit ich den andern von Herzen liebe, damit ich wirklich ein Herz für ihn oder sie haben kann, muß ich zuerst selbst in Berührung kommen mit meinem Herzen, muß ich mein Herz zunächst all dem Armen und Unglücklichen in mir zuwenden. Dann kann ich barmherzig sein. Dann werde ich andere nicht verurteilen, sondern ich werde sie gerade mit all dem Unglücklichen, Zerrissenen, Elenden, Unansehnlichen in mein Herz aufnehmen. Dann wird meine Hilfe ihnen kein schlechtes Gewissen vermitteln. Sie werden vielmehr Platz und Heimat finden in meinem Herzen. Ich wünsche Dir, daß Dich der Engel der Barmherzigkeit lehrt, Dein Herz zu öffnen für das Arme in Dir und in den Menschen. Dein Herz wird dann wie ein Mutterschoß sein, in dem Du selbst und andere heranwachsen können. In Deiner Nähe werden dann auch andere mit ihrem Herzen in Berührung kommen und aufhören, sich unbarmherzig zu verurteilen. „Wer ein Herz hat, kann gerettet werden", sagt ein Mönchsvater aus dem 4. Jahrhundert. Wenn Du ein Herz hast für das Arme und Schwache, dann wird Dein Leben gelingen. Dann wird sich der Engel in Dir freuen über die Barmherzigkeit, die Dein Herz bewohnt.

Anselm Grün, 50 Engel für das Jahr

Was nützt es?

Ein junger Zen-Mönch fragt seinen Meister: „Was kann ich tun, um die Welt zu retten?" Der Meister antwortet: „So viel, wie du dazu beitragen kannst, daß morgens die Sonne aufgeht." – „Aber was nützen dann all meine guten Taten und mein ganzes Engagement?" fragt der Mönch enttäuscht. Darauf erwidert der Meister: „Sie helfen dir, wach zu sein, wenn die Sonne aufgeht."

Zengeschichte

4

Leben heisst helfen zu leben
Wahre Geschichten

Wenn es darum geht, wirklich etwas zuwege zu bringen,
brauchen wir weniger Architekten,
dafür aber um so mehr Maurer.

Colleen C. Barrett

Zu viele Leute sind bereit, den Klavierstuhl zu tragen,
wenn das Klavier von der Stelle bewegt werden muß.

Anonym

Wenn ein Blinder einen Lahmen trägt, kommen beide voran.

Schwedisches Sprichwort

Wir schaffen einen Lebensunterhalt durch das, was wir bekommen.
Aber wir schaffen ein Leben durch das, was wir geben.

Norman MacEswan

Kleinigkeiten?

Nach einem sehr arbeitsreichen Leben waren sie alt geworden. Sie lebten in der früheren DDR. Ihre Wohnung war schön, hatte vier große Zimmer mit hohen Fenstern und mit Kohleheizung. Und das Kohleschleppen vom Keller in die zweite Etage fiel schwerer und schwerer. Der Wunsch nach einer bequemeren Wohnung wurde immer stärker und ging schließlich nach jahrelangen Bemühungen in Erfüllung. Sie bekamen eine Neubauwohnung mit zwei Zimmern, Bad, Zentralheizung, im Zentrum der Stadt gelegen. Die Freude war groß.

Sie mußten sich völlig neu einrichten. Zuschnitt und Größe der Räume waren viel zu klein für die bisherigen Möbel. Er war damals 78, sie 68 Jahre alt. Die Umstellung gelang ihnen sehr gut, denn sie konnten die persönlichen Verbindungen weiter pflegen, weil die bisherigen Freunde erreichbar blieben. Im neuen Haus bildeten sich ebenfalls schnell Kontakte, so daß beide sehr froh und dankbar waren.

In diesem Haus gab es wie überall damals einen Plan für die kleine und die große Hausordnung. Jeder Wohnungsinhaber hatte seine Woche, in der er „dran" war. Die große Hausordnung umfaßte die Reinigung des Kellers und die Beseitigung von Schnee und Eis vor dem Haus.

Jeder hoffte verständlicherweise, daß die Tage des Schneefalls andere treffen würden. Als der alte Herr seinen 80. Geburtstag feierte, gratulierten ihm die Mitbewohner. Was brachten sie mit? Keine Rotwein- oder Sektflasche, sondern die Zusage: Ab sofort brauchen Sie keine große Hausordnung mehr zu machen! Wir, die anderen 17 Mieter, machen für Sie diesen Dienst mit! Dies war ein großartiges Geburtstagsgeschenk für ihn!

Seinen Tageslauf gestaltete das Paar recht praktisch. Die beiden konnten preiswert in der nahe gelegenen Mensa der Universität Mittag essen und hatten die Möglichkeit, mit diesem Wege mehrere Dinge zu verbinden, waren sie doch auf diese Weise jeden Tag für etwa eine Stunde regelmäßig an der Luft. Außerdem führte sie der Weg an einer Kaufhalle vorbei, so daß sie auf dem Rückweg die notwendigen Einkäufe erledigen konnten. Jahrelang ging dies recht gut. Nach und nach fiel es aber schwerer, die Lebensmittel zu schleppen. Dann ereignete sich folgendes:

Eines Tages trug jeder von ihnen einen Beutel mit Lebensmitteln. Auf der Straße sprach sie ein freundlicher Mann an. Sie hatten ihn schon mehrfach in der Kaufhalle gesehen. Er war also kein völlig fremder Mensch. Nun bot er ihnen an, die Beutel zu tragen, denn er hätte denselben Weg. Sein Arbeitsplatz sei gegenüber ihrer Wohnung. Er habe sie schon häufig gesehen und bemerkt, daß ihnen das Tragen nicht leichtfalle.

Aus dieser kleinen Hilfe entwickelte sich ein enger Kontakt, der zwar immer auf kurze Gespräche bei diesen Begegnungen und auf diese kleinen Hilfen beschränkt blieb, aber für sie eine große Entlastung bedeutete. Sie erzählten dies ganz begeistert ihren auswärts lebenden Kindern. So wurde diesen jener hilfreiche Mann immer mehr bekannt, ohne daß sie ihn jemals sahen. Dies geschah erst bei der Beerdigung des Vaters acht Jahre nach Beginn dieses helfenden Miteinanders.

Helmut Puschmann

*H*ilfsbereitschaft ist die Miete, die wir für unser Dasein bezahlen. Sie ist der Hauptzweck des Lebens. Man sollte sie nicht mit einer Freizeitbeschäftigung verwechseln.

Marion Wright Edelman

*E*ine Seele, die von großartigen Ideen beschäftigt wird, führt am besten kleine Pflichten aus.

Harriet Martineau

Das machen wir später

Eine der sehr gestreßten, berufstätigen Mütter in einem meiner Kurse hatte gar keine Vorstellung davon, wie sehr die ständige Hektik ihr Familienleben beeinflußt hatte, bis sich eines Morgens folgendes ereignete: Allison, im Kindergartenalter, trödelte. Es war früh am Morgen. Die Mutter war spät dran. Die älteren Kinder waren schon aus der Tür gestürmt, um den Schulbus zu erwischen. Die Küche sah furchtbar aus. Die Betten waren nicht gemacht. Wo waren die Schuhe? Konnte sie schnell noch eine Ladung Wäsche starten? fragte sich die Mutter. Ihre Gedanken rasten. Jetzt waschen, abends alles in den Trockner stopfen?

Allisons Mama befand sich in der ewigen Hetzjagd, die berufstätige Mütter nur zu gut kennen. Sie mußte alles organisieren, sich selbst fertig machen, schnell die Jüngste im Kindergarten abgeben und dann die Bahn zur Arbeit erwischen. „Wir haben jetzt keine Zeit dafür", sagte die Mutter immer wieder zu der kleinen Allison. „Dafür ist jetzt keine Zeit, Allison. Wir machen das später. Wir können uns jetzt einfach nicht damit aufhalten."

In unserem Seminar erinnerte sie sich später, wie sie Allison am Arm hinter sich her durch den Vorgarten gezerrt hatte, als ihr älterer Nachbar sie erspähte. Herr Brown war über achtzig. Er hatte die kleine Allison sehr gern und freute sich immer darauf, sie zu sehen. Sie war ein Lichtchen in seinem stillen Leben – ein heller Fleck in seinem leeren Tag. Er hob die Hand, um ihr zuzuwinken, eine Unterhaltung anzufangen, die sicher nur einem Moment gedauert hätte. „Hallo, Allison", sagte er. „Wir haben heute keine Zeit, um nett zu sein, Herr Brown", erklärte Allison ihm freundlich.

Die Mutter erschrak. „Allison, wie konntest du nur?" entfuhr es ihr. „Ach, Herr Brown, Allison meint das nicht so", versuchte sie die peinliche Situation zu retten. Aber es war genau das, was die Mutter immer wieder gesagt hatte: Keine Zeit, um nett zu sein.

Kay Willis / Maryann Bucknum Brinley, Das Geheimnis glücklicher Eltern

Nur eine Frage

In der Zeit des Golfkrieges fiel mir das Erzählen am schwersten, doch es waren mein Publikum, die Menschen, die mich aufforderten, gerade jetzt hinauszugehen und zu erzählen.

Eines Tages ging ich in unserer kleinen Stadt spazieren, der Krieg spitzte sich zu, und der Orient stand kurz vor einem Atomkrieg. Plötzlich hörte ich jemand nach mir rufen, ich drehte mich um. Die Besitzerin des kleinen Ladens für Garten- und Handwerkerbedarf wollte wissen, wie es meinen Eltern ginge, die sie nicht einmal kannte. Ich war überrascht und stotterte meinen Dank, doch die Frau fuhr mit einer solchen Menschlichkeit fort, sie höre die Nachrichten und dächte an meinen Kummer: Das hat mich tief gerührt. Auch heute, Jahre danach, vergesse ich nicht mein Gefühl auf dem Weg nach Hause. Ich fühlte mich seltsam beglückt, als hätte ich meine Eltern gesehen.

Rafik Schami, Die Politik der gemeinsamen Freude

Freundlichkeit ist ein inneres Bedürfnis, das in uns den Wunsch regt, Gutes zu tun, auch wenn wir dafür nichts zurückbekommen. Es ist die Freude in unserem Leben, Gutes zu tun. Wenn wir Gutes aus diesem inneren Bedürfnis heraus tun, dann wird in allem Denken, Sagen, Wollen und Tun Freundlichkeit sein.

Emanuel Swedenborg

Als ich jung war, verehrte ich kluge Menschen.
Nun, da ich alt bin, verehre ich freundliche Menschen.

Abraham J. Heschel

Walzer

Manchmal erzählt mir der Rückspiegel der Tram, die ich fahre, ungefragt leise flüsternd indiskrete Geschichten. Ehegeschichten zum Beispiel. Von älteren Paaren, die so einträchtig beieinandersitzend mitfahren. Und dann, an ihrer Haltestelle, steigt der noch etwas rüstigere Mann zuerst aus. Natürlich, denken wir, er will seiner unsicher trippelnden Alten fürsorglich die Stufen hinunterhelfen. Er bleibt auch wirklich unten stehen, dreht sich aber nicht mehr um, sondern hält nur pflichtschuldigst kurz seine Hand nach hinten, und als seine Frau nicht sofort zugreift – sie sieht wohl auch nicht mehr so gut –, macht er sich allein auf den Weg über die Straße. Die Frau bleibt zusammengesunken auf der oberen Stufe stehen, bis andere Fahrgäste ihr hinunterhelfen.

Kurz darauf erzählt mir mein rückwärts gerichteter Kompagnon spiegelnd und zwinkernd eine tröstliche Variation: Der Mann geht selbst am Stock und schon sehr gebückt. Auch er steigt als erster aus, lehnt behutsam den Stock an das Haltestellenschild, dreht sich wieder zur Tür um, öffnet seine Arme weit und empfängt seine ungefähr achtzig Jahre alte Frau wie zu einem gemeinsamen Walzer.

Root Leeb, Tramfrau

Wenn du zu Menschen, die sich in Schwierigkeiten befinden, freundlich bist, hoffst du, daß sie sich erinnern und zu jemand anderem freundlich sind. Und das wird sich wie ein Buschfeuer fortsetzen.

Whoopi Goldberg

Der Grenzstein

Mein Vater war ein unternehmungslustiger, strebsame und zielbewußter Kaufmann und stammte aus einfachen Verhältnissen. Die Eltern verkauften das selbst angebaute Gemüse auf dem nahen Markt in der Stadt. Adam war der erste von fünf Geschwistern, und sein Name galt ihm schon immer als eine Verpflichtung: nicht nur der erste zu sein, sondern auch die Verantwortung zu tragen. Als er gerade fünf Jahre alt war, schickte ihn seine Mutter zusammen mit anderen Halbwüchsigen aus dem Dorf nach Frankfurt, damit sie dort in der Großstadt die gesammelten Steinpilze verkaufen sollten. Oben auf dem First des Frankfurter Hauptbahnhofes thronte der Riese Atlas, der die Weltkugel mit kräftigen Armen auf den Rücken hob.

Die kraftvolle Skulptur beeindruckte den kleinen Adam ungemein, und die Vorstellung, den ganzen Erdball auf einem einzigen Rücken davonzutragen, war für ihn so eine Art Lebenssinnbild, was mit einem unbändigen Willen, mit Zähigkeit und jener ungebrochenen Energie alles zu bewegen war.

Als der kleine Adam unter den großen Jungen verlorenging, fragte er die Passanten, daß er dahin zurück möchte, wo der starke Mann die große Welt auf dem Buckel trägt. Adam erfuhr, was Mithelfen und Anpacken war. Aber schon als Kind hat er auch die Wohltat der Hilfe erfahren: Er wurde nicht nur zum Steinpilzeverkauf losgeschickt, sondern er mußte seinem Vater jeden Tag zur Mittagszeit das Essen tragen. Die Mahlzeit wurde in einen irdenen Krug verpackt, den es heute als Antiquität noch überall zu kaufen gibt. Der Krug hat einen Henkel, ist meist mit bebänderter Lasur überzogen, das bauchige Gefäß kann eine gute und umfangreiche Mahlzeit fassen.

Der Weg war immer der gleiche. Er zog sich lange Zeit übers Feld, und am Anfang eines Waldstückes trennte ein erhabener, nach unten gerundeter und gebogter Grenzstein das Feldstück vom

Wald. Da es sehr schattig war, ruhte der kleine Adam dort ein wenig aus, denn der Krug war für ihn nicht leicht. Er setzte sich auf den Grenzstein, schaute auf den zurückgelegten Weg und freute sich, daß er die Hälfte schon hinter sich hatte.

Eines Tages jedoch kam alles ganz anders. Als er sich dem ersehnten Grenzstein näherte, bemerkte er, daß ein Hund sein zwar trockenes, aber umfangreiches Geschäft mitten auf dem Grenzstein verrichtet hatte, und das Gemeine daran war, daß es trotz der Krümmung des Steins häßlich und scheußlich darauf thronte.

Es war heiß, der kleine Adam müde von seinem Gang, er schwitzte, war zornig und voller Verzweiflung. Und da er nicht wußte, wie er sich helfen sollte, stellte er den Krug auf den Boden und weinte bis hinab in seine bitterlich enttäuschte Kinderseele.

Als er am Boden kauerte und schluchzte, kam der Feldschütz, der alte Lang-Nanne-Babe des Weges. Er war Feldschütz und Bürgermeister zugleich und als entschlossener Mann bekannt. Der nahm nun also einen kompakten Strohwisch, wie ihn die Bauern aufstellten, um den Schäfer von ihren Wiesen fernzuhalten, und wischte das ganze Geschäft ordentlich und sauber vom Stein, spuckte noch einmal gründlich hin und zerfaserte das Stroh, so daß auf dem Grenzstein absolut nichts mehr zu sehen war. Dann packte er sein großes Schnupftuch aus dem Hosensack, weißgrundig mit dicken blauen Punkten und legte es über den Stein. Er nickte dem kleinen Adam zu und verschwand im Wald.

Danach hat der Adam von seinem Grenzstein wieder Besitz ergriffen. Anders als vorher. Er saß auf dem herrlich gepunkteten Tuch, und er schwitzte nicht mehr. Die Bäume spendeten Schatten. Er konnte das fröhliche Lied der Mönchsgrasmücke hören. Er war zufrieden. Er wußte nicht, was das Wort Hilfe bedeutet, er konnte es nicht einmal buchstabieren, aber er spürte, daß etwas leibhaftig und unsagbar Wohltuendes geschehen war.

Als er mir die Geschichte erzählte, war er bereits über 60 Jahre alt. Er konnte in seinem Leben nur sehr schwer Hilfe annehmen, war viel eher bereit selbst zu helfen. Der Lang-Nanne-Babe ist ewig tot, mein Vater Adam längst gestorben. Auch das Taschentuch, das er lange besaß, existiert nicht mehr. Nur der Grenzstein ragt noch an der gleichen Stelle aus der Erde.

Und wenn ich vorbeigehe, denke ich an diese kleine, im Grunde recht unwesentliche Geschichte, die für den kleinen Adam so wesentlich war, daß er sie lange in sich trug. Ich meine, daß die sogenannten kleinen Hilfen neben den wirklich großen Hilfen stehen dürfen. Vorausgesetzt, man hat ein Taschentuch frei und riskiert ab und zu einen Blick über die eigene Grenze.

Kurt Hock

Sei freundlich – jeder, den du triffst, bestreitet einen harten Kampf.

John Watson

Als ich meinen Lehrer fragte, wie ich Erleuchtung finden könne, war seine Antwort: „Hilf jedem."

Ram Dass

Jeder Tag der erste Tag. Jeder Tag ein Leben.

Dag Hammarskjöld

Die Möwe

Spätdienst auf der Trambahn Linie 27. Alles verläuft ruhig. Das Getöse des Tages ist vorüber, und ich fahre müde meine Runden.

Da bewegt sich kurz nach der Haltestelle Giesinger Bahnhof ein Vogel im Gleis. Ich halte ihn für eine Taube, er kommt mir jedoch sehr groß vor, und ich wundere mich, daß so spät überhaupt noch ein Vogel unterwegs ist. Da bin ich auch schon über ihn hinweg.

An der Endhaltestelle habe ich nachts eine Viertelstunde Stehzeit. Ich lese und vergesse den Vogel.

Erst bei der nächsten Runde, als er an der gleichen Stelle aufgeregt hochflattert, kommt mir der Gedanke, daß er vielleicht nicht wegfliegen kann. Ich bin zu schnell, um noch bremsen zu können, und fahre voller Grauen zum zweitenmal über ihn hinweg.

Auf dem Rückweg habe ich plötzlich viele Fahrgäste, irgendwo scheint gerade eine Veranstaltung zu Ende gegangen zu sein. Der Vogel wird wieder aus meinem Bewußtsein verdrängt.

Ein Kollege steigt ein, offensichtlich ein Neuer, ich kenne ihn nicht. Kurz vor der Haltestelle Giesinger Bahnhof fällt mir der Vogel wieder ein, und ich erzähle dem Kollegen die Geschichte – in der Hoffnung, daß er weiter mitfährt und mir hilft, das Tier aus dem Gleisbereich zu bringen. Doch der Kollege steigt am Giesinger Bahnhof aus und ruft noch lachend: „Fahr ihn doch zusammen! Solche Viecher gibt's eh grad genug!" Zornig fahre ich weiter. Verlangsame vor der Stelle, wo ich den Vogel vermute. Er ist nicht da. Erleichtert beschleunige ich wieder. Doch plötzlich sehe ich ihn im Scheinwerferlicht, mit rotgeränderten, schreckgeweiteten Augen, hilflos flatternd, mit einem gestauchten, blutenden Flügel.

Völlig verzweifelt fahre ich zum drittenmal über das Tier. Diesmal kann ich mich an der Endhaltestelle überhaupt nicht auf mein Buch konzentrieren. Ungeduldig warte ich die Abfahrtszeit ab.

Und wieder auf Fahrt, suche ich bereits hundert Meter vor der fraglichen Stelle das Gegengleis mit den Augen ab. Es sind kaum

Fahrgäste im Zug, da kann ich es mir erlauben, so langsam dahinzukriechen.

Und plötzlich sehe ich ihn wieder: Merkwürdig verrenkt humpelt er zwischen den Schienen und schafft es nicht, über die niedrige Buchsbaumhecke zu hüpfen, die unsere Gleise von der Autofahrbahn trennt.

Ich bremse den Zug fest, mitten auf der Strecke, steige aus und überlege gerade verzweifelt, was ich denn jetzt mit dem verletzten Tier – erst jetzt sehe ich, daß es eine Möwe ist – machen soll, als ich auf der gegenüberliegenden Straßenseite einen Mann gehen sehe.

Ich rufe, und zu meinem Erstaunen kommt er auch gleich zu mir herüber, und ich erzähle ihm die ganze Geschichte, sage, daß ich den Vogel ja nicht in die Straßenbahn mitnehmen könne, auch keine Zeit mehr habe, weil meine Fahrgäste schließlich weitermüssen.

Kurz habe ich Angst, daß der Mann mich für verrückt hält, aber er läuft mit mir auf den Schwellen der Möwe entgegen, die ängstlich flatternd vor uns zurückweicht.

„Aber ich kann auch keinen Vogel in meiner Wohnung aufnehmen“, sagt der Mann. Doch seine Stimme klingt ein wenig bedauernd, und so traue ich mich: „Vielleicht haben Sie ja einen Balkon. Bitte, helfen Sie!“

Nun gut, nur seinen Wagen müsse er erst in die Garage bringen, meint er, den Schlüsselbund bereits in der Hand. Dann werde er noch einmal zurückkommen.

Wie ich mich bedanke und schnell und erleichtert weiterfahre! Bei der nächsten Runde nähere ich mich mit Herzklopfen der nun wohlbekannten Stelle: Die Möwe ist weg!

Am nächsten Tag, wieder auf der Linie 27. In der Nähe des Giesinger Bahnhofs sehe ich vor schnell dahinziehenden graublauen Wolken hoch oben auf einer Straßenleuchte eine muntere Möwe sitzen. Und plötzlich weiß ich, was Seligkeit ist.

Root Leeb, Tramfrau

Wenn ich ein Herz davor bewahren kann, zu brechen, dann lebe ich nicht vergeblich: Wenn ich Schmerzen erleichtern, Leid lindern oder auch nur einem schwachen Rotkehlchen in das Nest helfen kann, dann lebe ich nicht vergeblich.

Emily Dickinson

Wenn ich eines Tages gestorben sein mag, möchte ich, daß diejenigen, die mich am besten kannten, von mir sagen werden, daß ich immer eine Distel ausgerissen habe und eine Blume gepflanzt habe, wo ich dachte, daß eine Blume wachsen würde.

Abraham Lincoln

Wenn wir unser Ziel darin sehen, ein Leben voller Mitgefühl und unbegrenzter Liebe zu leben, dann wird die Welt tatsächlich ein Garten werden, in dem alle Arten von Blumen blühen und wachsen.

Elisabeth Kübler-Ross

Es mag Zeiten geben, in denen wir zu machtlos sind, um Ungerechtigkeiten vorzubeugen. Aber es darf nie eine Zeit geben, wo wir nicht protestieren. Der Talmud erzählt uns, daß der Mensch, wenn er das Leben eines einzigen Menschen rettet, die ganze Welt retten kann. Wir mögen zu wenig Kraft haben, um alle Gefängnisse zu öffnen und alle Gefangenen zu befreien, aber wenn wir unsere Solidarität mit einem Gefangenen erklären, klagen wir alle Kerkerwächter an.

Elie Wiesel, Den Frieden feiern

Das Geheimnis

Gertrud Luckner
26. September 1900 – 31. August 1995

„Alles ist vorausgeschaut, aber die freie Wahl ist gelassen; mit Barmherzigkeit wird die Welt gerichtet, und alles kommt auf die Menge der Handlungen an."
Sprüche der Väter, III, 19

„Wesentlich kann das Christentum nicht durch die Rede verkündet werden, sondern durch die Handlung."
Sören Kierkegaard

Eine Frau, die Teile ihres Gesichtes mit dem geschwungenen Rand eines Hutes verdeckt, trägt eine ostentative Mystifizierung zur Schau, vielleicht strebt sie eine sichtbare Rätselhaftigkeit geradezu an.

Das Gegenteil davon war bei Gertrud Luckner der Fall. Mit Fahrrad und Regenmantel – Requisiten ihrer Deckung – gab sie vor, eine Durchschnittsbürgerin zu sein, was eine verheimlichte Täuschung darstellte. Zart von Gestalt, hat diese Frau monumentale Hilfe geleistet zu einer Zeit, als die Mehrheit der Bevölkerung Deutschlands starr war und blind vor Angst im besten Falle, Greuel ausübte, zuließ und gar guthieß in anderen Fällen.

Berichte über Gertrud Luckners einzigartige Hilfeleistungen sind längst vorhanden. Mitwirkende und Helfer und Menschen, denen sie, ungeachtet ihrer eigenen Gefahr, das Leben rettete und mit unvorstellbarem Mut persönlich und konkret beistand, haben erzählt von ihr, und sie selbst hat sich für Interviews zur Verfügung gestellt. Tatsächlich aber verbergen die großzügig gehäuften Daten, Orts- und Personennamen erstaunliche Lücken, so daß diese weltbekannte Heldin trotz der Fülle von Angaben, Schilderungen und Erzählungen im Grunde geheimnisvoll und rätselhaft bleibt. Wo man richtunggebende Beweggründe an den Wendepunkten ihres Lebens erwartet, stößt man auf Auslassungen. Sie mögen auf ihrer Abneigung gegen Formulierung von Abstraktem beruhen, war sie doch in erster Linie mit Handlungen beschäftigt: Ohne zu zögern, war sie dabei, als die Not groß war. Sie schuf und wirkte ein Netz von Helfern. Sie verschaffte Nahrungsmittel, Kleidung, Geld und Visa und brachte sie denen, deren Leben davon abhing, oder wenn nichts mehr getan werden konnte, wußte sie um die Lebenswichtigkeit von selbst nur freundlichen Erkundigungen. Entrüstet über die nichtswissende Haltung so vieler anderer, meinte sie: „Ein Gruß ‚Hören Sie mal, wie geht es Ihnen?' hätte den Verfolgten doch gezeigt, sie seien nicht vollkommen verlassen."

Ihr lag daran, sich bestens darüber zu informieren, was die stets und örtlich wechselnde Situation jeweils erforderte und welche Art von Hilfe möglich war. Mit dieser Information und umsichtig reiste Gertrud Luckner unter der Nase der Häscher durch ganz Deutschland (auch Großdeutschland), um hinzuschauen, hinzuhören und auf jeder Ebene zu helfen: vom Senden einzelner Schuhe, um Diebstahl möglichst zu verhindern, bis zur Beschaffung von Büchern. Sie machte die Runde durch die Freiburger Buchläden: „Wir brauchen Bücher für unsere Juden in Gurs", und sie brachte es fertig, die Gaben auf Schleichwegen an die Empfänger zu befördern. So scheinbar einfach, so wirklich kühn setzte sie ihren Willen durch.

„Die Hilfe von Mensch zu Mensch, das war es eben", sagte sie im Rückblick. Frau Dr. Luckner unterließ großartige Reden, theoretische Erklärungen oder moralische Darlegungen. Sie kam angeradelt oder schob einen Kinderwagen mit Notwendigkeiten die Hügel von Freiburg hinauf. (Wo trieb sie einen Kinderwagen auf? Bei jungen Familien, die ihn täglich benutzten? Bei älteren, die ihn vom Dachboden kramten für sie?)

Um Einzelheiten in Gertrud Luckners Lebensgeschichte bauschen sich die Schleier, die ihre innersten Gedanken und Motive verhüllen. Klar ist, daß sie schon in den 1920er Jahren die nationalsozialistische Gefahr erkannte und als Pazifistin ganz besonders einen Kriegsausbruch befürchtete. Im Jahre 1931, nach einem einjährigen Aufenthalt in England, war sie erschrocken über die nazistische Terminologie der Studentinnen in dem ihr neuen Freiburg. Als praktische Maßnahme bildete sie im Jahre 1932 eine englische, quasi parlamentarische Diskussionsgruppe für Primaner in Freiburg, mit gelegentlichen Treffen auch im benachbarten Basel. Zielsicher erweiterte sie einen Kreis von Menschen, auf die sie sich dann in den düstersten Tagen verlassen konnte, wenn sie Pakete, Geld und Nachrichten befördern wollte an die Opfer der Nazis innerhalb Deutschlands und im Ausland.

Gertrud Luckner überzeugte weniger mit Theorie als mit der Bedrängnis, in der sich die Opfer befanden und mit der sie tagtäglich vertraut war. Mit ihrer Eindringlichkeit konnte sich Gertrud Luckner unvergleichlich bewähren.

Nach dem Zweiten Weltkrieg wurde Gertrud Luckner oft gefragt, weshalb sie diese außergewöhnliche und gefährliche Hilfe geleistet hätte.

„Aber das war doch selbstverständlich", antwortete sie jedesmal erstaunt.

„Das war mir doch selbstverständlich", wiederholte sie nachdrücklich und leise, als schäme sie sich der Verständnislosigkeit des Fragestellers. Dabei war sie selbst wegen ihrer praktischen und systematischen Arbeit für die verfolgten Juden nach Ravensbrück gebracht worden, das grauenvolle Konzentrationslager für Frauen.

Mir gönnte sie im Sommer 1983 vier Abende mit Erzählen über ihre Tätigkeit. Die Jahre mit immer intensiverer Judenverfolgung und die Bilder von Gertrud Luckners entsprechend immer hartnäckigerem Bestehen auf im tiefsten Sinne humanitären Kontakten mit den Verfolgten flogen vorbei in lebhaften, pausenlosen Details. Sie erzählte über ihre Festnahme am 5. November 1943 im Zug von Freiburg nach Berlin. In Gertrud Luckners Schilderung dieser Verhaftung erschien es, als hätte sie bei dieser Gelegenheit etwas von der Gestapo erfahren wollen, nicht umgekehrt. Was sie nämlich wissen wollte, war, weswegen man sie festgenommen hatte. Daß sie beobachtet wurde, wußte sie längst, und sie hatte sich fast einen Spaß daraus gemacht, mit der Gestapo Katze und Maus zu spielen.

„Ach so", sagte sie, „jetzt hatte ich heraus, daß die mich wegen meiner Arbeit für die Juden geschnappt hatten. Das also war's."

Ich hatte sie dringend fragen wollen: „Was hätte es denn sonst sein können? Die Caritas?", in deren Rahmen sie seit Ende 1938 wirkte. Sie gab mir keine Gelegenheit, ein Wort einzufügen. Mit ihrer täuschend sanften Miene steuerte sie selbst das vermeintliche Interview in die Richtung ihrer eigenen Absichten.

Elizabeth Petuchowski

Gutes tun heißt, es ganz konkret, in einer ganz bestimmten Minute zu tun. Das Gute im allgemeinen ist der Ausweg für Narren und Schurken.

William Blake

Sag wenig und tue viel.

Schammai

Die Seele der Stadt

Und dann gab es noch Maria, noch immer und immer wieder sie. Ich bewahre ihr Andenken: Sie war tapfer, mutig, treu, gläubig und immer mit ihrem Schicksal zufrieden. Wenn wir in die Ferien fuhren, begleitete sie uns. Ob wir ein Fest feierten oder um jemanden trauerten, sie war immer dabei. Sie verließ uns erst, als die Regierung Nichtjuden verbot, für Juden zu arbeiten. Damals weinte sie bitterlich und schwor, zurückzukehren, sobald „das hier ein Ende hat“. Während unserer Zeit im Ghetto schlüpfte sie häufig durch die Absperrungen und Stacheldrähte und brachte uns Käse, Eier, Gemüse und Obst. Auch in dieser Nacht, der Nacht zum Sonntag, findet sie den Weg zu uns. Wie ist es ihr gelungen, durch den verstärkten Sicherheitsgürtel zu schlüpfen, den die Gendarmen um das halbleere Ghetto gezogen haben? „Oh, das ist keine Hexerei“, sagte sie schluchzend. „Man kann rein und raus. Ich kenne eine sichere Stelle ... Ich wollte euch unbedingt noch einmal sagen, ich flehe euch an ... Die Hütte liegt in den Bergen ... Sie ist eingerichtet ... Kommt mit ... Bei mir habt ihr nichts zu befürchten ... Ihr werdet eure Ruhe haben ... Bei uns sind die Deutschen nicht. Und Pack, das ihnen die Stiefel leckt, gibt es auch nicht. Kommt mit ...“ Gute Maria. Wenn andere Christen wie sie gehandelt hätten, wären die Züge ins Unbekannte nicht so überfüllt gewesen. Hätten Priester und Pastoren ihre Stimme erhoben, hätte der Vatikan sein Schweigen gebrochen, hätte der Feind nicht so freie Hand gehabt ... Doch die meisten unserer Mitbürger dachten nur an sich selbst. Sobald ein jüdisches Haus von seinen Bewohnern verlassen wurde, kamen sie herbei und stürzten sich wie Aasgeier auf den zurückgelassenen Hausrat. Sie brachen Schränke und Schubladen auf, suchten sich Bettwäsche und Kleidung aus, zerschlugen, stahlen, plünderten. Für sie war es ein Fest, eine richtige Schatzsuche. Nein, sie waren nicht wie unsere Maria.

Wir sitzen um den Küchentisch, ein letztes Mal berät die Familie gemeinsam, was zu tun sei. Sollen wir Maria folgen oder bleiben? Ich sage es noch einmal: Wenn wir gewußt hätten, daß „mit unbekanntem Ziel“ Birkenau bedeutete – oder auch nur, daß man uns außer Landes bringen wollte –, wir hätten ihr Angebot bestimmt angenommen. Aber wir wußten es nicht. Man hatte uns gesagt, daß die Züge ins Landesinnere führten, und wir glaubten es. Sogenannte gutinformierte jüdische Kreise in Budapest hatten uns das eindeutig versichert. Was sollen wir also tun? Marias Angebot ablehnen? Das ist die allgemeine Ansicht. „Warum?“ fragt sie flehend, mit gebrochener Stimme. „Weil ein Jude“, antwortet mein Vater, „weil ein Jude sich nie von seiner Gemeinde entfernen soll. Was mit den anderen geschieht, soll auch mit uns geschehen.“ Meine Mutter überlegt laut, ob es nicht besser sei, „die Kinder mit Maria wegzuschicken“. Sie meint die drei Ältesten. Zippuka und die Eltern sollten bleiben. Und Großmutter auch ... Wir protestierten: „Wir sind jung und stark, wir werden den Transport gut überstehen ... Wenn jemand mit Maria gehen sollte, dann ihr.“ Nach einer kurzen Beratung danken wir Maria für ihren Großmut, aber ...

Mein Vater hat recht: Wir wollen zusammenbleiben wie die anderen auch. Es gehört seit uralter Zeit zu unserer Tradition, die Einheit der Familie zu bewahren. Das weiß der Feind genau. Heute macht er es sich zunutzen: Im Ghetto wird das Gerücht verbreitet, die jüdische Bevölkerung werde in ein ungarisches Arbeitslager gebracht, und die Familien, das ist entscheidend, könnten dort zusammenbleiben ... Wir haben es geglaubt. So wurde die starke familiäre Bindung innerhalb des Judentums – die jahrhundertelang zu seinem Überleben beigetragen hat – ein Werkzeug in den Händen seiner Vernichter.

Und wir haben das Wunder zerschlagen, das Maria vollbracht hätte. Ich denke oft mit Zärtlichkeit und Dankbarkeit an sie. Auch mit Erstaunen. Diese einfache Frau ohne jede Bildung erhob sich moralisch weit über die Intellektuellen der Stadt, über die Honoratioren und den Klerus. Mein Vater hatte viele Beziehungen zur christlichen Gemeinde und sogar Freunde dort, aber nicht einer brachte die Kraft dieser Bäuerin mit ihrem Seelenleid auf. Was war deren Glaube wert, was ihre Bildung und ihre soziale Stellung, wenn davon weder ihr Gewissen erschüttert noch ihr Mitgefühl wach wurden?

Damals hat eine einfache, gottesfürchtige Bäuerin ohne Pomp und Trara die Seele unserer Stadt gerettet.

Elie Wiesel, Alle Flüsse fließen ins Meer

Das Endergebnis von Weisheit – gute Taten.

Babylonischer Talmud

Schätze das Mitgefühl, damit du nicht einen Engel von deiner Tür weist.

William Blake

Janusz Korczak – mit den Verlorenen

Morgen früh also ist es soweit, 5. August 1942. Wir haben am Bahnhof des Ghettos anzutreten – meine zweihundert Kinder des Waisenhauses. Ich sollte sie hinführen, in Viererreihen. Dafür sorgen, daß sie „ordnungsgemäß“ in die Waggons steigen, – in einen der Waggons, alle in ihm eingepfercht. Der Judenrat hat mir klarzumachen versucht, daß ich selbst verschont bleiben würde, wenn ich dafür sorge, daß „die Aktion“ schwierigkeitslos verläuft. Es wäre indes, ich kenne mich doch aus, nur ein kurzer zeitlicher Aufschub für mich, da sechstausend täglich vom Sonderkommando der SS in Warschau der anderen SS und den ukrainischen Hiwis in Treblinka zur Vernichtung zugeliefert werden. („Umsiedlung“ nennen sie es.) Innerhalb von drei Monaten werden sie uns Fünfhunderttausend, die wir hier eingeschlossen sind, „abliquidiert“ haben. Vielleicht kommt auf die eine oder andere abenteuerliche Weise der und jener mit dem Leben davon, – welche Chance hätte gerade ich, einer von diesen paar wenigen zu sein? Und auf wie lange?

Aber ich will gar nicht. Ich lasse in dieser Situation die Kinder nicht im Stich. Ich gehöre zu ihnen. Ich gehe mit ihnen.

Ich weiß, was uns bevorsteht. Nicht in jeder Einzelheit, aber der Gesamtvorgang ist mir bekannt, die Information ist zu einigen von uns durchgedrungen. Wir werden, unter dem Vorwand, in einem Baderaum desinfiziert zu werden, durch einströmendes Gas getötet. Es dauert acht, neun Minuten, bis man erstickt ist, bis uns die Lungen zerrissen sind.

Mein Gott, was soll ich den Kindern sagen? Die Wahrheit? Unmöglich. Wo denn, wann denn? Beim Weggang? Sie würden, mit Recht, versuchen auszubrechen und sich zu verstecken. Man würde sie einzeln einfangen und sie zu den Waggons zerren. Sie mit Knüppeln zusammenschlagen, wenn die Flucht erst am Bahnhof selbst begänne.

Ich bin aber nicht bereit, sie zu belügen, als kämen wir tatsächlich aus dem Ghetto in „Familienlager“, wo es uns gutgehen solle. Ich werde sagen, daß ich nicht wisse, wohin unsere Reise geht. An einen Ort hoffentlich, wo wir in Frieden und Fröhlichkeit leben können.

Was es mit der SS für eine gewöhnliche Bedeutung hat, wissen die Kinder natürlich. Wenn sie mich fragen sollten, ob die denn aufgehört hätten, uns feind zu sein, werde ich antworten, daß sie uns nun lossein wollen.

Aber dann, nach der Ankunft in Treblinka, was werde ich dann sagen, wenn wir gedrängt vor der Gaskammer stehen werden, zweihundert nackte Kinder, die mir vertraut haben, mit ihrem nackten Arzt und Ersatzvater bei ihnen, mitten unter ihnen, von Gott und der Welt verlassen auf das Kommando wartend, das gleich ertönen wird, sobald sich die eiserne Tür zum Vernichtungsraum öffnet: „Los! Bewegt euch!“? Soll ich eines unserer uralten jüdischen Lieder zu singen beginnen? Vielleicht singen einige, vielleicht viele der Kinder mit, bis die Eisentüre krachend hinter uns zuschlägt und der Tod durch gewaltsame Erstickung über uns hereinbricht. Es wird entsetzlich sein.

Warum, o Gott, hast du den Weg in das gelobte Land des Friedens und der Fröhlichkeit so mit Leid bestückt? Du sagst, wir selbst trügen die Schuld daran. Ich kann da meine Kinder nicht einbeziehen. Ich verstehe, daß man von dem Moment an, in dem der unterscheidende Verstand sich bildet, die Menschlichkeit und alle ihre Tugenden in ihnen, in uns also, entwickeln muß. Jedes meiner Bücher, für sie und die Erzieher, würde ich, könnte ich noch einmal von vorn beginnen, wieder schreiben. Und ich würde den Weg, den ich, von 1919 an zusammen mit Maryna Falska, gegangen bin – möge sie am Leben sein und in unserem Sinn noch wirken können –, unverändert ein zweites Mal gehen.

Vielleicht hätte ich mich, wenn die Kinder nicht gewesen, im Ghetto hier der Organisation des aktiven, zionistischen Widerstandes gegen die SS angeschlossen (obschon ich die Anwendung von Gewalt verabscheue). So freilich bin ich es zufrieden, eine andere Art von Beispiel geben zu können, zu müssen. Ich wünschte, es würde sogar auf einige unserer Feinde, sie verändernd, wirken.

Ich kann das Dunkel der Vorsehung nicht aufhellen. Ich kann nur, notgedrungen, helfen, daß darin selbst der Erstickungstod, den meine Kinder und ich erleiden werden, den erlösenden Sinn haben wird, Menschlichkeit wachzurufen.

Eugen Kogon, Mit den Verlorenen gehen

Gefragt, warum seine Erfahrungen während des Krieges ihn nicht verbittert hätten, antwortete ein Überlebender: „In Auschwitz habe ich etwas über die Freundschaft gelernt. Als ich fror, schützten mich Fremde mit ihrem Körper gegen die eisigen Stürme, denn sie hatten nichts anzubieten als sich selbst."

Yaffa Eliach, Träume vom Überleben

Wir sind Gott ähnlich, wenn wir als Sterbliche Sterblichen beistehen.

Plinius der Ältere

Abschiebungsgegner

22.30 Uhr: Vor wenigen Stunden haben die Betreuer der kurdischen Familie A. im Nottulner Kirchenasyl erfahren, daß ihre Schützlinge noch in dieser Nacht aus dem Obdach geholt und in die Türkei abgeschoben werden sollen. Die Helfer aus evangelischen und katholischen Kirchengemeinden haben sich gemeinsam mit der Familie entschieden, den Behörden beim Abtransport keinen Widerstand zu leisten. Jetzt packen Mutter und Vater A. ihre Habseligkeiten für die Reise zusammen. Die Familie selbst weiß gar nicht so recht, was sie überhaupt mitnehmen soll. „Wir werden völlig mittellos und verloren am Flughafen stehen", fürchtet ein Sohn.

23.00 Uhr: Im Gemeindehaus fließen die ersten Tränen. Minutenlang halten sich Menschen in den Armen, die vor wenigen Monaten einander völlig unbekannt waren. Noch steht die silberne Teekanne auf dem Tisch, der zentraler Ort der Begegnung zwischen den deutschen Betreuern und der kurdischen Familie war. Selbstgebackener Kuchen wird gereicht, die kleinen Kinder der Familie holen sich letzte Streicheleinheiten. Die drei Jüngsten sind jene, die am wenigsten von dem begreifen, was in dieser Nacht geschehen soll.

24.00 Uhr: Jedes Verständnis für die Eskalation der Situation fehlt Pfarrer Manfred Stübecke, der vom Niederrhein zurück in seine Gemeinde geeilt ist. „Das Verhalten des Oberkreisdirektors wird ein Nachspiel haben", schwört der Geistliche im Büro neben dem „Wohnzimmer" seiner zehn Gäste. Niemand sei bereit gewesen, auf die Vorschläge und Anregungen seiner Gemeinde einzugehen. „Diese Familie ist erledigt", zitiert er einen Mitarbeiter der Ausländerbehörde. „Wo leben wir eigentlich?" fragt sich auch seine Frau in der Diskussion mit dem Geschäftsführer des Flüchtlingsrates in Nordrhein-Westfalen, Wolfgang Müller.

Dem wiederum fallen Parallelen zur Zeit vor dem Beginn der Herrschaft der Nationalsozialisten ein. Die Gesichter der Verantwortlichen sind gezeichnet von Wut, Trauer und Erschöpfung. Bis zuletzt haben sie geglaubt, der kurdischen Familie helfen zu können. Am Morgen dieses Tages noch hat das Ehepaar einen verzweifelten Appell an den Oberkreisdirektor gerichtet: „Wir möchten Sie noch einmal bitten, die Bedenken des Petitionsausschusses zu berücksichtigen und sich selbst durch eine Anhörung der Familie ein Urteil zu bilden. Es besteht eine konkrete Gefahr an Leib und Leben. Wir bitten Sie weiterhin um Duldung." Die rechtlichen Mittel und menschlichen Möglichkeiten aber scheinen erschöpft. Die Gesprächspausen werden länger, das Faxgerät schweigt, auch das Telefon klingelt nicht mehr.

1.30 Uhr: Rund um den Tisch mit der Teekanne kehrt Ruhe ein. Herr und Frau A. sitzen noch still zusammen mit der Pfarrersfamilie und zwei Betreuern, die in jeder Dienstagnacht Wache gehalten haben. Herr A. fragt noch nach einigen Halsschmerztabletten für seine Frau, zwei Kinder liegen ebenfalls krank auf ihren Matratzen. Dann nimmt der 42jährige einen großen Besen zur Hand. Ruhig und fast zuversichtlich kehrt der achtfache Vater das Zentrum des Gemeindehauses aus, die Teekannen verschwinden, ein paar letzte Erdnüsse werden geteilt. Frau und Herr A. gehen zu den schlafenden oder klagenden Kindern.

5.00 Uhr: „Von guten Mächten wunderbar geborgen erwarten wir getrost, was kommen mag. Gott ist mit uns am Abend und am Morgen und ganz gewiß an jedem neuen Tag." Zu Gitarrenklängen und im Licht weißer Kerzen haben sich 50 Christen aller Generationen aus Nottuln und Appelhülsen zu einem politischen Nachtgebet im Gemeindezentrum versammelt. Ein großes Kreuz bildet ihre Mitte. Jugendliche wischen sich Tränen aus den Augen, ein älterer Mann spendet seiner Frau Trost, Ingrid Stübecke hat ihren Sohn fest an sich gedrückt. Pfarrer Manfred Stübecke zitiert den Koran: „Ich suche Schutz bei Gott vor dem verfluchten Satan. Im Namen Gottes des Barmherzigen des Erbarmers. O Gott, o Öffner der Türen, öffne mir die beste Tür." An seiner Seite sitzt Pastor

Johannes Gospos, Pfarrverwalter der Gemeinde St. Mariä Himmelfahrt, die die gastfreundschaftliche Aufnahme der kurdischen Familie in Nottuln mit organisiert und unterstützt hat.

5.30 Uhr: „Die Stadt Gottes ist in Trümmern gelegt. Die Straßen des Friedens sind unbegehbar", betet die versammelte Gemeinde. In der Zeit des Schweigens ist zu hören, wie die Familie A. sich und ihre Kinder reisefertig macht. Ein verlorener Legostein findet sich zwischen den Füßen der Beter. Gestern noch lag hier das Lachen der Mädchen und Jungen in der Luft. Jetzt werden die beiden jüngsten Kinder der Familie von Betreuerinnen hereingetragen. Sie schauen stumm auf die vielen Menschen. Da schrillt die Klingel des evangelischen Gemeindehauses, die Gläubigen erstarren. „Der Bus ist gerade eingetroffen", ruft ein Mitarbeiter den Betenden zu. Pfarrer Stübecke läßt sich nicht beirren und stimmt das nächste Lied an: „Wer an mich glaubt, soll Wunder schauen …"

6.15 Uhr: Die Mitarbeiter der Coesfelder Kreisverwaltung klingeln an der Privatwohnung des Pfarrerehepaares. Als der Pfarrer die Tür öffnet, wird ihm ein Durchsuchungsbeschluß überreicht. Lichtkegel der großen Taschenlampen schwirren durch das Haus. Ein Beamter findet sich im Zimmer der 82jährigen Mutter Stübeckes wieder, die aus dem Schlaf schreckt. Draußen vor der Tür haben 50 Polizisten Stellung bezogen.

Durch die Wohnung geht es ins Gemeindezentrum, eine Treppe zum ersten Stockwerk wird erklommen. Wieder beleuchten Taschenlampen die Dunkelheit. Bis ein Helfer der Kirchengemeinde schimpft: „Man kann doch hier auch das Licht anmachen." Die Familie wird reisefertig in den beiden kleinen Räumen angetroffen, in denen die zehn Personen seit drei Monaten leben. Trotzdem wird die Durchsuchung der Räumlichkeiten fortgesetzt, weil der 21jährige Sohn schon vor vielen Stunden in den Untergrund abgetaucht ist. Jeweils ein Beamter oder eine Beamtin steht hinter einem Familienmitglied.

6.30 Uhr: Nach strengen Regeln werden alle Bereiche des Hauses gesichert, 50 Polizisten vor der Tür bleiben in Bereitschaft. „Kann es losgehen?“ funken Mitarbeiter von draußen. „Nein, hier stimmt etwas nicht“, kommt die Antwort. Einige Familienmitglieder stehen auf der Treppe, sie dürfen sich weder vor noch zurück bewegen. „Wir brauchen eine Milchflasche für das Baby“, tönt es von oben und durch die Funkgeräte. Die Beamten erlauben einer Helferin, sich mit zwei Kindern auf dem Arm in die Küche zu bewegen, um die Milch zu besorgen. Als sie wieder oben ankommt, soll sich der Zug in Bewegung setzen.

6.45 Uhr: Die 15 Beamten der Kreisverwaltung wollen mit der neunköpfigen Familie wieder durch die Wohnung des Pfarrers gehen, um nicht an den 50 singenden und betenden Gläubigen der Gemeinde im Zentrum vorbei zu müssen. Manfred Stübecke verweigert den Zugang zu „seinen Privaträumen“, die Situation droht aus dem Ruder zu geraten, dann fügen sie sich den Beamten. Sieben kurdische Kinder, ihre Mutter und der Vater nehmen von den vielen Helfern auf dem Weg zum Bus tränenreichen Abschied. Draußen vor der Tür graut der Tag, die Beamten sind bemüht, die Szene in Nottuln zügig zu beenden. Frau A. wird von einer Mitarbeiterin des Kreises leicht geschoben, ihre Kollegen machen ebenfalls deutlich, daß der Bus schnell zu besteigen ist. Als die Familie im Bus sitzt, schleppen die Beamten armselige Gepäckstücke hinterher. Winkend und weinend verabschieden sich die Helfer von ihren Schützlingen, als der Bus gen Düsseldorf fährt. Mit an Bord ist Ralf Peters, theologischer Mitarbeiter der Gemeinde. Ihm war es erlaubt worden, die Familie auf dem letzten Weg in Deutschland zu begleiten.

7.00 Uhr: Fassungslos und still haben sich die Helferinnen und Helfer im Gemeindezentrum versammelt. Jemand kann sich aufraffen, Kaffee und Tee zu kochen, alle frieren innerlich und äußerlich. „Wie konnte es bloß so weit kommen?“ fragt eine junge Frau mit Tränen in den Augen. „Ich fühle mich ganz elend“, sagt der katholische Pastor Johannes Gospos, „es ist eine Katastrophe für unseren Staat, wenn die Menschlichkeit nicht mehr zählt." Draußen vor der Tür gibt der Kreispressesprecher eine Erklärung ab: „Nachdem tatsächliche oder rechtliche Abschiebungshindernisse nicht mehr bestanden und die Familie ihrer Ausreisepflicht nach wie vor nicht nachgekommen ist, mußte die Ausländerbehörde des Kreises Coesfeld nunmehr die Abschiebung durchführen." Der Pressesprecher der Polizei ergänzt: „Wir haben polizeiliche Maßnahmen vorgesehen, es waren Straßen für eventuelle Sperrungen geplant. Wir legen Wert darauf zu dokumentieren, daß dies ein Einsatz der Kreisordnungsbehörde war."

Norbert Ortmanns

Die Bruderliebe soll bleiben. Vergeßt die Gastfreundschaft nicht; denn durch sie haben einige, ohne es zu ahnen, Engel beherbergt. Denkt an die Gefangenen, als wäret ihr mitgefangen; denkt an die Mißhandelten, denn auch ihr lebt noch in eurem irdischen Leib.

Brief an die Hebräer

Sage nie: „Ich habe diesem Menschen eine Wohltat erwiesen, er aber war mir nicht dankbar."
Es gibt keine Anerkennung außer der, daß man einem Bedürftigen eine Wohltat erweist.
Der Lohn eines guten Werkes liegt in ihm selbst.

Ägyptisch

Ein Glücksfall

Morgen hat Frank Geburtstag. Er wird in seiner Wohnung feiern, mit Helga und zwei, drei Freunden. Es ist eine freundliche Dreizimmerwohnung im Westend. An ihr ist eigentlich nichts ungewöhnlich, außer daß Hunderte von Arzneischachteln im Badezimmer liegen, ein Sauerstoffgerät gleich neben dem Bett aufgebaut ist und überall Wecker herumstehen. „Jeder Wecker", sagt Frank, „steht für ein bestimmtes Medikament. Wenn einer läutet, weiß ich, daß ich sofort was einnehmen muß. Zur Zeit klingeln die verdammt oft." Helga Geiger sagt, Frank sei derzeit in ihrem Leben ein sehr wichtiger Mensch. Sie verbringt viel Zeit mit ihm: Spaziergänge am Isarhochufer und am Starnberger See, lange Gespräche, Konzertbesuche. „Der Frank hat viel Kraft, viel Ausstrahlung." Helga Geiger sagt: „Ich freue mich auf sein Geburtstagsfest."

Ihr erster Aids-Toter war Florian. Das liegt nun schon zweieinhalb Jahre zurück. Er war ein guter Freund, von Beruf PR-Manager, ziemlich erfolgreich, gerade 30 Jahre alt. Mit ihm hat es damals für sie angefangen – die Pflege todkranker Menschen, deren Betreuung rund um die Uhr. Im März 1988 wurde Florian bettlägrig. „Ich mußte ihm versprechen, daß ich alles tue, um ihn möglichst lange am Leben zu halten", erzählt Helga Geiger. Florian litt an halbseitiger Lähmung, an Pilzbefall des Gehirns und an Atemnot, er erblindete und hatte beinahe jede Stunde blutigen Durchfall. Der ganz normale Verlauf einer Aids-Erkrankung im Endstadium. Anfang November starb er. „Ich war zuletzt Tag und Nacht bei ihm, mein Versprechen habe ich gehalten." Sie erinnert sich, wie er immer von seinen Fieberträumen erzählt hat. Von Indianern, die ihn überfallen, von Soldaten, gegen die er kämpft. Und sie weiß noch, wie sie einmal schon geglaubt hatte, er sei tot: „Es war an einem Morgen. Ich dachte, jetzt ist es vorbei. Doch dann richtete er sich im Bett auf und fragte, warum ich ihn heute noch nicht rasiert hätte."

Helga Geiger ist 38 Jahre alt, gelernte Krankenschwester. Ihre Lehrjahre absolvierte sie in der Psychiatrie in Kaufbeuren; später half sie beim Aufbau einer Abteilung für Alkoholiker. Sie arbeitete in verschiedenen Münchner Krankenhäusern, zuletzt als Stationsschwester. Schon immer, sagt sie, habe sie sich für die besonders sensiblen Menschen interessiert, für Leute, die entweder von Natur aus feinfühlig sind oder es etwa durch eine Krankheit wurden. Als junge Krankenschwester habe sie davon geträumt, das gesamte Gesundheitssystem, die Krankenversorgung zu revolutionieren. Seit zweieinhalb Jahren arbeitet sie jetzt als freiberufliche Krankenschwester und versorgt zwischen zwölf und fünfzehn schwererkrankte HIV-Patienten zu Hause in deren Wohnungen. Allein im April dieses Jahres sind sieben ihrer Patienten gestorben. Immer wenn einer von Helgas Patienten stirbt, übernimmt die junge Frau wieder einen neuen Kranken. Sie fährt von einem zum anderen, legt oft zweimal am Tag Infusionen, spritzt Cortison, besorgt Blutkonserven, und wenn alles vorbei ist, ruft sie den Arzt wegen des Totenscheins. Der Münchner Aids-Experte Hans Jäger nennt Helga Geiger „ein sensationelles Beispiel für Aufopferungsbereitschaft und soziales Engagement". Dieter Eichenlaub, Chefarzt im Schwabinger Krankenhaus, stimmt zu: „Helga Geiger kann man hundertprozentig vertrauen. Sie ist ein absoluter Glücksfall."

Sie sagt, sie sei gerne mit Homosexuellen zusammen, „das war auch schon vor Aids so". Viele ihrer Bekannten und Freunde seien schwul, „meine Jungs", sagt sie. Schon seit vielen Jahren „bin ich so etwas wie die Mutter der Münchner Homosexuellenszene". Mütterliche, freundschaftliche Gefühle prägen diese besonders vertrauensvollen Beziehungen, meint sie. Als Mutter der Szene hat sie dann erlebt, wie einer nach dem anderen erkrankt ist. „Und so kam es eben, daß Aids zu meinem Thema wurde."

Die große Seuche. Es ist ruhiger geworden um diese Krankheit. Was waren das noch für Schlagzeilen und Parolen vor wenigen Jahren! Was wurde da alles geschrieben: Aids sei der Anfang vom

Ende der Menschheit; die Betroffenen würden ausgegrenzt. Zwangstests für die gesamte Bevölkerung seien nötig; Aids könne jeder kriegen; Aids gehe jeden an. Helga Geiger hat erlebt, welche Unruhe diese Meinungs- und Medienoffensive bei den Homosexuellen ausgelöst hat. Zu der Angst vor der Krankheit, immer gleichbedeutend mit der Angst vor einem schrecklichen Tod, kam die Furcht, diskriminiert, stigmatisiert, von der Gesellschaft zu Aussätzigen erklärt zu werden. Daran hat sich im übrigen nicht viel geändert. Wenn Helga Geiger ihre Besuche macht, muß sie oft durch den Hintereingang kommen. Zum Beispiel zu dem Vater, der bis zum Ausbruch der Krankheit völlig unbemerkt eine Doppelexistenz führte: einerseits braves Familienleben, andererseits Treffen mit Strichjungen. Jetzt liegt er todkrank im Schlafzimmer. Seine Ehefrau und die Töchter wissen nun Bescheid. Aber sonst soll von dieser Schande doch bitte niemand etwas erfahren.

In der Bundesrepublik haben sich die apokalyptischen Prophezeiungen nicht erfüllt. Die epidemiologischen Daten belegen eindeutig, daß die von allen so gefürchtete Ausbreitung der Infektion bei den Heterosexuellen bisher ausgeblieben ist. Betroffen von der Krankheit sind nach wie vor in erster Linie homosexuelle Männer und Drogenabhängige. Es mag makaber klingen, aber das Bundesgesundheitsamt meint, dies sei „aus Sicht der gesamten Gesellschaft" eine „beruhigende Erkenntnis" und nennt Heterosexuelle, die sich angesteckt haben, „traurige Einzelfälle". Vereinfacht könnte man es auch so formulieren: Aufs Ganze gesehen ist die Bevölkerung in Westdeutschland nicht bedroht. Aber es bleibt eine verdammt große Schar von Opfern, für die sich in der Öffentlichkeit niemand mehr so recht interessiert.

Einiges an dieser Situation mutet reichlich schizophren an. In München müssen sich die Ärzte in den Infektionsabteilungen der Kliniken um so viele Aids-Patienten kümmern wie noch nie zuvor. Auch bei den ambulanten Diensten gehört die Betreuung von Aids-Patienten längst zum Alltag. „Aber seitdem das Thema Aids nicht mehr die Titelblätter der Zeitungen füllt“, sagt Helga Geiger, „seitdem also die Zeiten vorüber sind, in denen man sich mit Aids profilieren konnte, wird mir meine Arbeit erschwert, werden mir dauernd Steine in den Weg gelegt.“

Helga Geiger erhält ihr Geld von den Krankenkassen. Sie schickt den Kassen die Bestätigung eines Arztes, daß es „medizinisch vertretbar“ und „kostengünstiger“ sei, den betreffenden Patienten zu Hause und nicht in der Klinik zu betreuen. Dann rechnet sie ihre einzelnen Tätigkeiten ab. Sie darf gerade 4,55 Mark für „pflegerische Tätigkeiten“ pro Besuch kassieren – bei Aids-Patienten gehört unter anderem das stündliche Wechseln von Windeln dazu – und 4,90 Mark für die Verabreichung einer Spritze. Allein das ist schon ein ziemlicher Skandal, denn ein Hausarzt stellt 65 Mark für eine Injektion in Rechnung. Dieser Mißstand betrifft jedoch nicht Helga Geiger alleine, sondern sämtliche ambulanten Pflegedienste. Was ihr aber zunehmend zu schaffen macht, sind die Rechnungen, welche die Kassen zurückschicken. „Ich besorge eine dringend notwendige Blutkonserve für einen Patienten, und es wird nicht bezahlt. Ich organisiere ein lebensnotwendiges Sauerstoffgerät, und es wird nicht bezahlt. Da könnte ich zig Beispiele aufzählen. Die Argumentation der Kassen lautet immer, diese oder jene Tätigkeit steht nicht in unserem Leistungskatalog.“

Im Grunde ist es nichts Neues, daß Menschen wie Helga Geiger auf das Wohlwollen des zuständigen Sachbearbeiters bei der Krankenkasse angewiesen sind. „Die haben einen großen Ermessensspielraum, die können machen, was sie wollen“, sagt die Krankenschwester. Früher habe es gereicht, wenn sie persönlich hingegangen sei und ein bißchen von der Geschichte des Patienten erzählt habe: „Da bin ich vorher immer beim Friseur gewesen, um einen guten Eindruck zu machen.“ Einige Sachbearbeiter seien dann richtig beeindruckt gewesen, „einer war so ergriffen, daß er mir dann alles bewilligt hat und sogar zur Beerdigung des Patienten gekommen ist“. Sie kann überhaupt nicht verstehen, daß die Kassen seit einiger Zeit ihre Vorschriften so eng auslegen. Vielleicht habe das damit zu tun, sagt sie, daß Aids „wieder so ein Minderheitenimage" bekommen habe. „Dabei ist es ein totaler Unsinn, denn ein Patient im Krankenhaus kostet mindestens vierhundert Mark am Tag, und da muß die Kasse ja auch zahlen." Helga Geiger wird wütend, wenn sie darüber redet, aber auch plötzlich resignativ: „Man kommt sich vor wie ein Bettler, dem niemand etwas geben will. Das halte ich nicht mehr lange aus, da wird man mürbe."

Es muß eine Menge passieren, bis sie so etwas sagt, denn diese Frau kann viel wegstecken. „Ich bin auf einem Bauernhof im Allgäu aufgewachsen", erzählt sie, „das macht stabil." Helga Geiger sitzt in ihrem Wohnzimmer vor einer Tasse Tee. Natürlich fragt sie sich manchmal, warum sie das eigentlich macht, diesen Kampf führt, der so chancenlos ist, weil es gegen Aids kein Heilmittel gibt, weil Aids immer zum Tod führt. Sie spricht mit keinem Wort von Nächstenliebe, von sozialer Opferbereitschaft und Selbstlosigkeit. Sie sagt, ihre Beziehungen zu den Kranken seien sehr intensiv, „diese Kontakte bringen mir auch selbst sehr viel". Sie sagt, sie genieße es, wenn sie gebraucht werde, „und meine Jungs brauchen mich". Manchmal glaubt sie, daß sie ein bißchen schizophren sei. „Es sind schon merkwürdige Situationen, in die ich zur Zeit ab und zu gerate. Wenn ich zum Beispiel abends noch bei einem Patienten bin und der stirbt. Ich drücke ihm die Augen zu und organisiere das mit dem Totenschein. Danach gehe ich manchmal noch zum Tanzen. Und wenn ich dann in der Diskothek bin, frage ich mich schon manchmal, was bist du eigentlich für ein Mensch?"

Der Umgang mit dem Sterben. Helga Geiger ist darin Expertin geworden, hält Seminare in der ganzen Bundesrepublik für Krankenschwestern und Ärzte ab. Man könne das lernen, sagt sie, „das Gefühl für einen ‚guten Tod' bekommen". Bei einem Sterbenden müsse es still im Zimmer sein, ganz ruhig. „Es ist ein Prozeß, der zwischen dem Kranken und den anderen Leuten in diesem Raum abläuft. Der Sterbende muß gehen wollen, die anderen müssen ihn gehen lassen wollen. Dann ist es gut." Das Schlimmste sei, wenn man im Augenblick des Todes darüber nachdenken müsse, ob man etwas falsch gemacht habe, ob etwas noch nicht gesagt sei: „Dann kann auch das Sterben die Hölle sein."

Helga Geiger hat Angst vor dem November. Dann wird es mit den meisten der Patienten zu Ende gehen, die sie derzeit betreut. April und November, das sind die Todesmonate. Sie werden alle sterben, die Menschen, zu denen Helga Geiger zweimal am Tag fährt. Das männliche Photomodell aus San Francisco, das nicht mehr photographiert werden kann, weil seine Haut bereits zerfressen ist. Das Pärchen in Schwabing, ein ehemaliger katholischer Priester und ein Theologiestudent; sie pflegen sich gegenseitig, so weit sie noch können jedenfalls. Der junge, schon fast blinde Mann, dessen Freund bereits an Aids gestorben ist, kann jetzt auch nicht mehr in seinem Job weiterarbeiten, obwohl er es mit all seiner Kraft so sehr versucht hat. Bei einem ihrer letzten Besuche hat ihn Helga Geiger am Boden liegend gefunden, gekrümmt vor Schmerzen. „Ich mag all diese Menschen, sie bedeuten mir viel." Insgesamt, sagt sie, seien fast vierzig ihrer Kranken gestorben. „Das Problem ist auch, daß dann ja wieder neue Menschen kommen. Es dauert, bis man ihr Vertrauen gewonnen hat, bis man weiß, wo die dunklen Punkte in ihrem Leben sind, an die man besser nicht rührt. Immer wieder neue Menschen mit neuen Geschichten. Es ist ein Kreislauf."

Besuch bei Frank im Westend. Er hat für Helga Geiger und den Reporter Kaffee und Kuchen gedeckt. Er ist Journalist, hat noch bis vor einiger Zeit ziemlich gut verdient. Genau vor dreieinhalb Jahren bekam er die Diagnose. Mit dieser Marter im Hirn erledigte er noch einen letzten Auftrag: eine Reportage über eine Schönheitsfarm für Männer in Frankreich. Frank sagt, es wundere ihn nicht, daß das Thema Aids aus den Medien ziemlich verschwunden sei: „Klar, es ist totgeschrieben." Daran würden auch die Zahlen aus anderen Ländern und Kontinenten nichts ändern, Zahlen, die er parat hat. In Afrika liegt die Infektionsrate bei mehr als 10 Prozent, jede vierte schwangere Frau ist in manchen Städten Afrikas, etwa in Kampala in Uganda, bereits HIV-infiziert; in den USA rechnet man mit rund 650 000 Infizierten, wobei vor allem die Slums und die Armenregionen betroffen sind. „Aber das ist eben sehr weit weg“, sagt Frank, „für unsere reiche Gesellschaft zu weit weg.“

Frank wirkt nicht verbittert. Er sagt, ihm seien heute andere Dinge wichtig als früher. Das Herumsitzen in Kneipen, das Reden über den Job, all das packe er nicht mehr. Sein Bekanntenkreis ist ziemlich zusammengeschrumpft. Er zeigt sein Adreßbuch; viele Namen sind mit schwarzem Stift durchgestrichen. Menschen, die an Aids gestorben sind. Die Beerdigungen, auf denen er war, kann er gar nicht mehr zählen. Er sagt, er lebe jetzt sehr stark mit den Jahreszeiten: Fliederblüte, die Zeit der Kastanienbäume, Zwetschgenernte, Herbstlaub. „Das immer wieder erleben zu dürfen ist für mich ein Glück.“ Ja, und er freut sich auf seinen Geburtstag, den er jetzt feiert. Eigentlich müßte er längst ins Krankenhaus, um seine zerfressene Lunge noch einmal mit einer Chemotherapie behandeln zu lassen. „Aber ich möchte noch zu Hause feiern.“ Ihm ist klar, daß es wohl sein letzter Geburtstag sein wird. Die Ärzte geben ihm nicht mehr als noch ein, zwei Monate. Er trinkt aus seiner Tasse und schaut Helga an. „Vielleicht gelingt es uns ja doch, daß wir noch einen schönen Spaziergang zusammen machen, ich meine im Herbst, wenn das Laub auf den Wegen liegt. Wer weiß?“

Stephan Lebert

Der wahre Sinn des Lebens besteht darin, Bäume zu pflanzen, unter deren Schatten man wahrscheinlich niemals sitzen wird.

Nelson Henderson

Über die Brücke

Sie habe eine Art Radarschirm, der Signale aufnimmt von Menschen, die in Not sind, sagt Yvette Zimmermann. Sie nimmt die Informationen allerdings nicht nur wahr, sie fängt auch etwas mit ihnen an. Sie geht hin und *tut* etwas, wenn alle nur noch sagen: Eigentlich *sollte* man doch etwas tun. Sie hat Augen für Menschen, die Hilfe brauchen – und hilft ihnen, mit Rat und Tat. Seit über zwanzig Jahren begleitet die heute 67jährige Leute, die selber nicht mehr weiterwissen. Lange waren es vor allem Drogenabhängige. Erst nur ihr Patenkind. Dann andere, die sie auf der Straße kennenlernte. Das Patenkind war mit 16 an Drogen geraten. Zuerst hatte sie es nur vermutet. Bei der Konfirmation hatte sie das unsichere Gefühl, es könnte in diese Richtung gehen. Sie schenkte dem Mädchen das Übliche, aber darüber hinaus noch etwas: Wenn sie ein Problem habe, könne sie jederzeit zu ihr kommen. Drei Monate später stand dieses Mädchen dann plötzlich bei ihr im Büro, in einem desolaten Zustand. Sie hatte im Park übernachtet. Yvette hatte sich die Hilfe anders vorgestellt. Statt ihr Patenkind in Windeseile aus der Drogenszene herauszuziehen, mußte sie in dieses Milieu einsteigen. Und die Begleitung dauerte unendlich lange Jahre. Sie fand auf diesem Weg unsägliches Elend, sie begegnete unzähligen jungen Menschen, die in den Klauen der Sucht waren. Sie versuchte alles. Gab ihnen Wohnung im eigenen Haus, um sie von der Gosse wegzubringen. Versuchte ihnen schöne Seiten des Lebens zu zeigen. Nahm sie an Wochenenden auf Ausflüge mit, um sie auf positive Ideen zu bringen. Versuchte, Stellen zu vermitteln. Sie probierte es immer wieder. Aber es war unendlich schwer. Wenn es das eigene Kind gewesen wäre, sagt sie heute, wäre sie wohl gescheitert. Als Außenstehende sei es einfacher, auf diese Weise zu helfen. Sie kann nicht wegsehen. Berührungsängste kennt sie nicht. Sie packt einfach an. Und so ist sie, die keine Kinder hat, für viele Drogensüchtige zur zweiten Mutter geworden. Und sie hat, ganz allmählich, auch dazugelernt – von ihnen: daß sie nur begleiten und dasein, daß sie allenfalls unterstützen kann. Nicht mehr. Daß sie aber persönlich, durch ihren Willen, im Leben dieser Menschen nichts verändern kann. Auch bei bester Absicht. Das war eine wichtige und eine schwere Lehre: „Ich kann nicht für andere bestimmen, nur raten. Ich habe das Annehmen gelernt. Helfen ist, etwas tun für andere, ohne eine Erwartung an eine bestimmte Person zu haben."

Sie hilft nicht nur in „schweren Fällen". Oft braucht ein Mensch nur ein paar Worte oder ein kurzes Gespräch. Das spürt sie, sagt Yvette Zimmermann. Dieses Gespür zu entwickeln war mühsam: Sie hat erst langsam gelernt, zu unterscheiden, ob sie etwas empfindet, was mit ihr zu tun hat, oder ob es ein Signal von außen ist. Sie hat dieses Gespür schulen müssen, es aber auch nie unterdrückt. Und aufgrund solcher Impulse ruft sie dann bei einem Menschen einfach an, den sie kennt und von dem sie intuitiv spürt, daß er es notwendig braucht.

Manchmal tauchen auf diesem Radarschirm freilich auch Unbekannte auf. So wie jener Mann, der wegen Mordes im Gefängnis saß, von der Gesellschaft abgeschrieben und abgeschoben. Yvette Zimmermann hat ihn aufgesucht und begleitet, über zwanzig Jahre. Bis er wieder auf eigenen Füßen stand. Auch wenn alles gegen den Mann sprach – sie glaubte an ihn. Und sie hat ihm einen neuen Anfang ermöglicht. Heute sagt sie: „Ich wollte es einfach wissen, ob die Liebe wirklich die höchste aller Geistesgaben ist, und was sie vermag." Und so hat sie erlebt, daß ein Schwerverbrecher ein normaler, anständiger Bürger geworden ist. 15 Jahre hat es gedauert, bis es zur Wende kam, bis er anfangen konnte, an sich selber zu glauben. „Ich möchte keinen Tag missen", bekennt sie über diese Jahre, obwohl es – gerade für sie als alleinstehende Frau – schwer war. Sie ist von dem eigenen Schützling zusammengeschlagen und ausgeraubt worden. Sie hatte Probleme mit den Dealern. Trotzdem bleibt sie dabei: „Ich will keinen einzigen Tag missen. Aber es ist mir manchmal sehr heiß geworden." Ihr Schutz war, daß sie immer tat, was sie sagte, und nichts anders sagte als das, was sie dachte. Diese geradlinige Art hat ihr selber geholfen, auch in gefährlichen Situationen.

Hilfe brauchte auch ihr eigener Mann, vor 13 Jahren, als er plötzlich schwer krank wurde. Beide wußten, daß er die Krankheit nicht überleben würde. Sie hatte noch eine kranke Mutter zu betreuen damals. Mit viel Kraft und Liebe hat sie ihren Partner durch den letzten Lebensabschnitt begleitet. Das Sterben war ein Prozeß, der über Wochen ging. In diesen Wochen haben sie ihr gemeinsames Leben noch einmal intensiv aufgearbeitet, ihre Beziehung reflektiert, Bilanz gemacht: Dinge, die nicht gut gelaufen waren oder die anders hätten sein können – alles kam noch einmal zur Sprache und konnte gut werden. Mehrere Tage nahm sie sich frei und blieb bei ihrem Mann in der Klinik. Als sie dann ging und ihr Mann bettelte, dazubleiben, weil er sonst nicht sterben könne, sagte sie: „Du kannst mich nicht mitnehmen. Du mußt allein über die Brücke. Das ist dein Weg, den du selber gehst." Und sie ging, frei von Schuldgefühlen, ohne Verzweiflung, sogar erleichtert. Als sie am nächsten Tag wieder kam, hielt sie ihm die Hände, und er konnte sterben, nachdem sie noch ein paar Worte zu ihm gesagt hatte. Nicht einmal Morphium hatte er gebraucht, die Spritze lag noch unbenutzt auf dem Nachttisch. Was ihr selber Kraft gab: seine große Zuversicht. Er hatte alles erledigen können, konnte bis zuletzt am Leben teilnehmen. Am Tag vorher hatte er ihr, der immer sehr karg mit Komplimenten gewesen war, noch das größte Kompliment gesagt: „Mit dir ist das Sterben noch schön."

Das war ihre erste Sterbebegleitung. Später begleitete sie die erste Frau ihres Mannes im Sterben. Dann eine Bürokollegin. Die besuchte sie – aus einem intuitiven Gefühl heraus – noch am letzten Tag in der Klinik, wo sie fast im Koma lag, schon ganz bewegungslos, keine Bewegung im Gesicht. Sie erzählt, wie sie sie in dieser Situation ansprach: „Ich habe dir drei weiße Lilien gebracht zum Mitnehmen und eine Kerze, die ich anzünde. Ich habe dich sehr lieb und wünsche dir eine gute Reise." Sie spürte, daß ihre Worte „ankamen", denn in einem Augenwinkel sah sie eine Träne. Als sie dann das Sterbezimmer verließ, erzählt Yvette Zimmermann weiter, habe sie, schon auf dem Parkplatz, wie in einer Vision, eine Brücke gesehen, so wie die Seufzerbrücke in Venedig. Und sie sah, wie die Freundin darauf zuschritt, in einem weißen Gewand, und wie sie nicht hinübergehen wollte, und wie sie die Zögernde ansprach, ihr Mut zusprach, hinüberzugehen, auf das Licht zu. „Leichten Schrittes sah ich sie dann über die Brücke gehen. Und seitdem weiß ich bei jeder Sterbebegleitung – die ersten Schritte kann ich mitgehen, dann muß ich selber stehenbleiben und kann den Sterbenden nur mit guten Worten begleiten." Eine Erfahrung, die ihr selbst geholfen hat – und die vielleicht auch zeigt, was gute Hilfe ausmacht.

Heute begleitet Yvette Zimmermann Krebspatienten, Aidskranke und HIV-positive Menschen beim Sterben und beim Überleben. Sie versucht heute zu hören, welchen Weg diese Menschen selber gehen wollen – und da mitzugehen. Es sind intensive Erfahrungen. Sie selber mußte erst lernen, ihre Kraft einzuteilen. Daß sie selber Grenzen hat, hat sie in einer schweren Krankheit erfahren, als sie sieben Monate in der Klinik lag, halbblind und halbseitig gelähmt. Da hat sie gelernt, daß sie Grenzen setzen muß, um sich nicht selbst zu verlieren. Aber auch das ist ihr wichtiger geworden: nicht zu werten, eine Situation anzunehmen, zu akzeptieren, daß sie das Leben eines anderen nicht verändern kann, wenn der das nicht will. Sie ist weggekommen vom Mitleid, das sich identifiziert mit einem anderen: Wer mitleidet, kann nicht begleiten. Sie redet lieber von Barmherzigkeit: Zuwendung vom Herzen aus. Identifikation hatte sie früher ausgelaugt. Heute nimmt sie den anderen in erster Linie wahr, wie er ist, sie versucht eine Zuwendung, die nichts erwartet und nichts zurückfordert. Sie hat sich selber damit geholfen und ist lebensweiser geworden.

Was ihr Kraft gibt? Da muß sie nicht lange nachdenken. „Freude am Leben. Und eine endlose Zufriedenheit." „Glück ist wankend", sagt sie. „Zufriedenheit ist mehr: im Frieden mit sich selber sein, geborgen sein, aufgehoben sein." Es ist ein Gefühl der Sicherheit, daß alles – zuletzt – doch einen Sinn hat. Auch wenn scheinbar alles dagegenspricht, auch wenn man es nicht begreift. Es ist, wie sie sagt, ein Gefühl. Aber auch eine Gewißheit.

Lorenz Marti

Nach „lieben" ist „helfen" das schönste Wort in der Welt.

Bertha von Suttner

Großmut spendet weniger Rat als Hilfe.

Luc de Vauvenargues

Aus der Nacht

Ich war am Ende!

Meine Seele schmerzte und schrie.

Mein Körper war in Aufruhr.

Was konnte ich tun!?

Ich nahm Schlaftabletten, um mich zu beruhigen. Die Abstände wurden immer kürzer, bald würden auch sie nicht mehr helfen!

Ich war Ende zwanzig und in meiner Verzweiflung zu meinen Eltern gefahren, zurück in die Hafenstadt. Nun lag ich allein im Bett.

Es war Tag.

Irgendwann standen meine kleinen Nichten im Zimmer. Ratlos starrten sie mich an. Ich glaube, meine Eltern haben sie geschickt, weil sie selbst nicht mehr weiterwußten.

Wenn nur einer von den Erwachsenen mit mir gesprochen hätte und sich all das angehört hätte, was sich in meinem Kopf herumwälzte.

Abends löste sich etwas in mir, und ich wußte, was ich tun mußte.

Ich beschloß, diesen Qualen ein Ende zu setzen.

Ich stand auf, zog meinen langen, schwarzen Mantel an, band ein Seidentuch um den Kopf.

Meine Mutter stellte sich mir stumm in den Weg. Ich weiß nicht, wozu ich fähig gewesen wäre, wenn sie nicht freiwillig beiseite gegangen wäre.

Ich war entschlossen, ich wollte sterben. Endlich sollte Schluß sein, mit allem.

Mitten in der dunklen Nacht machte ich mich auf den Weg.

Ich wollte ins Wasser springen und ertrinken.

Jetzt, da ich wußte, was ich wollte, hatte ich Zeit. Alles lief in Zeitlupe an. Ich war ganz klar und überlegt.

Ich hatte Zeit.

Meinen Vater, der in einigem Abstand hinter mir herkam, schüttelte ich ab. Ich versteckte mich in einer dunklen Anlage und rauchte erst einmal eine Zigarette. Ich war eiskalt und hatte kein Mitleid mit ihm. Er machte sich bestimmt große Sorgen.

Dann wanderte ich weiter bis zu den Landungsbrücken der Hafengegend. Das ist kein besonders schönes Viertel. Es ist sogar das, was man eine „verrufene Gegend" nennt.

Aber ich hatte keine Angst, – nicht mehr!

Ich hatte Zeit.

Von der Brücke aus starrte ich in das schmutzige, kalte Wasser und dachte nur: Du mußt schlucken, schlucken, schlucken, der schwere Mantel wird dich schon hinunterziehen!

Ich war entschlossen und ganz ruhig.

Da, plötzlich eine männliche Stimme dicht neben mir: „Wollen Sie da runterspringen?"

Ich hatte nichts bemerkt.

Was macht er hier?

Wo kam er her!?

Er hörte nicht auf zu fragen, zartfühlend und einfühlsam, bis ich brav antwortete.

Nein, ich hatte keinen Liebeskummer, nein ich hatte dies nicht … und das nicht … ich wollte nur sterben, war das denn so schwer zu verstehen?

Da öffnete er sein Herz und erzählte mir von sich und seinen Problemen. Allmählich zerplatzte meine Seifenblase. Ich setzte mich auf die Holzbohlen der Brücke, fing an zu weinen, und dann mußte ich leise lachen. Ich war gerettet!

„Kommen Sie, ich bringe Sie jetzt nach Hause", sagte er nur noch.

Auf dem Weg erzählte er mir, daß er mich schon einige Zeit beobachtet hatte. Er hatte meinen Zustand sofort erkannt, weil es ihm vor Jahren ähnlich ergangen war. Wenn er nachts nicht schlafen kann, dann zieht es ihn immer an diesen Ort zurück.

Ich würde diesen Mann nicht wieder erkennen, ich habe ihn nicht richtig angeschaut, aber ich habe ihn gefühlt. Es war eine Begegnung auf der Herzebene. Da war ein Mensch, dem ich wirklich wichtig war, der einmal Ähnliches erlebt hatte und der alles hergab, um mich in das wunderbare Leben zurückzuholen. Fürsorglich, behutsam und liebevoll, wieviel Liebe ging von ihm aus.

Ich hatte mich verrannt und war in einer Einbahnstraße gewesen. Er hat mir durch seine Liebe wieder neue Möglichkeiten eröffnet. Er hat mich dem Leben zurückgegeben.

Was für ein wunderbarer Mensch!

Gesehen habe ich ihn nie wieder.

Heide Reuter

Es gibt zwei Sorten von Menschen: diejenigen, die die Arbeit machen, und diejenigen, die den Ruhm beanspruchen. Versuche, zur ersten Gruppe zu gehören; dort ist das Gerangel weniger schlimm.

Indira Gandhi

Wo Leid ist, ist heiliger Boden.

Oscar Wilde

Die Antwort

Bei Leberkäs, Weißbier und Brezn unterhielten wir uns über Gott und die Welt. Und über sie und ihn. Er: jung gestorben, noch keine achtzehn. Sie: in den letzten Jahren seines Lebens sein Schutzengel. Vier Jahre lag er in der Klinik, mit einer unheilbaren Krankheit. Der Name seiner Krankheit wollte sich dem Schutzengel nicht einprägen, es sei zu kompliziert. Aber Worte tun nichts zur Sache. Wie auch ihr Name nicht wichtig ist. „Meinen Namen dürfen Sie nicht sagen!“ befahl sie mir ausdrücklich.

Aber wichtig ist ihre Geschichte: Eltern und Angehörige des jungen Mannes waren weit weg und konnten nur selten zu ihm ans Krankenbett kommen. Da wurde sie: seine Freundin. So nannte er sie. Auch seinen Eltern gegenüber. Und er wurde: ihr Thema. Ihr liebstes.

Sein früher Tod war dank ihr keine Tragödie für ihn. Er hoffte natürlich auf ein Wunder. Und das Wunder: wurde sie. Das Wunder war ihre Nähe, ihre Stimme und ihre Antwort auf seine todbleiche Farbe. Ja, seine Farbe im Gesicht verriet seine Qual. Und sie konnte Gedanken lesen. Er mußte seine Frage nicht in Worte kleiden. Seine Gesichtsfarbe sagte ihr: Er wird keine achtzehn mehr.

„Aber wenn du jung stirbst, wirst du ein Engel.“ Sagte sie zu ihm. Und wenn sie es sagte, nahm sie ihn in den Arm. Und diese Geste, dieses Wort und diese Nähe wollte er immer wieder als Antwort auf die Frage, die ihn quälte, bekommen. Die Frage hieß: Wie steht es um mich? Wie ernst ist es?

Und während sie dies erzählt, an einem sonnigen Tag im Juni, in München, im Garten ihres Gästehauses, bei Leberkäs, Weißbier und Brezn, ist mir, als schaue der Frühvollendete, der „Engel“, aus ihr heraus. Aus ihrem Gesicht.

Ja, beim Erzählen verwandelt sich ihr Gesicht. Ihr Blick wird der seine. Und da erzählt sie, die damals im Krankenhaus arbeitete und nach einem langen, schweren Tag Abend für Abend und später Nacht für Nacht bei ihm im Krankenzimmer war, nicht von einem unheilbar Kranken. Nein. Sie redet von einem, dem sie die Qual aus der fahlen Gesichtsfarbe vertrieben hat. Dessen Gesicht sie mit Lebenslust erfüllte. Man muß wissen, ihre Stimme klingt wie bayerische Blasmusik. Nur – *ihre* Stimme war es, die für ihn den unglaublichen Satz glaubhaft werden ließ: „Aber wenn du jung stirbst, wirst du ein Engel."

Würde gab sie ihm. Mit dieser Erhebung in den Adelsstand der – Engelsaristokratie. Er, der sich entwürdigt fühlte, wenn er seine todkranke, todmüde, sterbliche Hülle betrachtete, erhielt von ihr nichts anderes, keine andere Arznei, keinen anderen Trost als dies eine, dies Lebenselixier: Würde. Er fühlte sich nämlich lebensunwürdig. Sie verlieh ihm Würde, Lebenswürde. In dieser Situation – zwischen Diesseits und Jenseits. Zwischen Erd' und Himmel, wo es mehr Dinge gibt, als unsere Schulweisheit sich träumen läßt. Aber sie ließ sich, einer Neigung ihres Herzens folgend, etwas träumen. Ließ Träume in höhere Regionen hinaufsteigen.

Und während sie mir alles erzählt, merkt man doch, wie sie mit beiden Beinen auf dem Boden der Wirklichkeit steht. Sie vergißt nicht, die Fußballweltmeisterschaften von A bis Z mitzuverfolgen. Und Haus und Garten in Schuß zu halten. Aber das ist eben nicht alles. Sie, die heute ihre Tomatenstauden und Bohnenranken im Garten ebenso hegt und pflegt, wie sie ihre pflegebedürftigen Nachbarn und ihre Hausgäste umsorgt, sie warf damals ihr ganzes Herz in die Waagschale, als es darum ging, einen Jungen, den sie ins Herz geschlossen hatte, bis an die Grenze zwischen dem Leben hier und dem Leben da drüben zu begleiten. In ihrer Nähe verwandelte sich für ihn der scheinbar wild zuschlagende Tod zum milde hinüberbegleitenden Freund, wie ihn Dichter und Seher sehen: Zu einem, der sagt: „Sei guten Muts … sollst sanft in meinen Armen schlafen." Und: „Nun ruh zum letzten Male aus. Wenn du erwachst, sind wir zu Haus."

Was Dichter und Seher in Worte und Reime kleiden, hat sie für ihn verkörpert. Sie gab dem wilden Tod einen milden Namen. Sie begleitete seine schön gewordene junge Seele bis zu dem Augenblick, für den einst ein Dichter – ein Dolmetscher zwischen Himmel und Erde – die unsterblichen Zeilen niederschrieb, mit dem Blick auf die Dächer und den Himmel von Paris: „Ich sah dich deine irdische Gestalt verlassen. Ach, du gingst fort aus dir, mein Lieber – so leise, wie der Rauch aus den Kaminen in den blauen Himmel steigt." Wie einfach. Wie lauter. Und: wie geläutert – diese zwei Sätze aus der Feder und aus dem Herzen eines wissend Gewordenen.

Wenn Frau H. vom Hinübergehen ihres jungen Freundes ins Unausdenkliche und ins Unvorstellbare spricht, dann klingt das auch ganz einfach. So, als sagte sie: er ist halt ins Ausland gegangen. Der liebe Gott wird schon gewußt haben, warum. Der liebe Gott ist gescheiter als wir alle miteinander.

Und die Kulisse ihrer Erzählung: ihr Münchner Garten mit seinen Bohnenranken, die so elegant in den Himmel hinauftanzen. Mit den Tomatenstauden, die ihre roten Kugeln in den Himmel hinein malen, wie ein Jongleur im Zirkus Krone seine Bälle in die Luft malt. Die Geschichte, die sie mit ihrer bayerischen Blasmusikstimme auftischt, schmeckt mir so gut wie ihr Leberkäs, ihr Weißbier und ihre Brezn. Diese Geschichte ist so einfach und so schön wie der Tanz des Eichhörnchens in den Nußbaumzweigen im Nachbargarten.

Michael Kampik

*W*enn wir von Liebe reden, ist der Nachdruck mehr auf ihre tatsächlichen Erweise als auf Worte zu legen.

Ignatius von Loyola

Geschenkte Zeit

Die Bilanz klingt bitter. „Satt, sauber, trocken – das ist alles, was das Personal in den Pflegeheimen noch schaffen kann.“ Und Elisa Hamburger weiß, wovon sie spricht. Seit mehr als zehn Jahren besucht sie alte Menschen auf Pflegestationen, hält ihre Hände, spricht ihnen Mut zu, teilt ihre Einsamkeit.

Ihre Bitterkeit gilt nicht den Pflegekräften. Für sie bricht Frau Hamburger engagiert eine Lanze. „Die tun, was sie können. Aber sie sind total überlastet und leiden selbst darunter, daß sie immer weniger Zeit haben für ein persönliches Gespräch, eine liebevolle Geste.“

Die Augen der 72jährigen funkeln streitlustig, wenn ihr Zorn sich gegen Gesetzgeber wendet. Und sie verdunkeln sich in einer Mischung aus Traurigkeit und Wut, wenn sie über das Alleinsein der alten, oft verwirrten Menschen in den Pflegeheimen spricht. „Mir dreht sich der Magen um, wenn ich miterleben muß, wie die Angehörigen ihre alten Eltern einfach abgeben und sich dann kaum noch blicken lassen.“

Das sei, sagt Elisa Hamburger, zwar nicht die Regel, aber die Ausnahme seien solche Erlebnisse beileibe nicht. Natürlich wisse sie, daß manche Familien nicht anders könnten, natürlich gebe es Umstände, die ihnen keine andere Möglichkeit ließen, „aber wir haben heute auch einfach eine zu verwöhnte Gesellschaft, bei der das eigene Wohlergehen ganz oben steht“.

Elisa Hamburger redet sich bei diesem Thema schnell in Rage. Sie ist geradezu durchdrungen von dem Willen, anderen Menschen etwas Gutes tun zu wollen, denen zu helfen, die Hilfe brauchen. „So bin ich aufgewachsen“, sagt sie und auch: „Ich habe es gut gehabt im Leben, da kann man nicht immer nur nehmen, sondern muß auch geben.“

Gut gehabt im Leben. Mit „Ernst, dem besten aller Männer“, verheiratet gewesen, als Musikliebhaberin den „Traumjob“ im

Chefsekretariat der Musikhochschule ergattert, seit mehr als 40 Jahren in der Eppendorfer Altbauwohnung zu Hause, nette Nachbarn und Freunde, junge und alte. Aber auch dies: Als junges Mädchen im tschechischen Internierungslager das ungeborene Kind verloren, den Tod des Verlobten dort mit ansehen müssen.

Und doch eine positive Lebensbilanz, keine Verbitterung, „nicht vergessen, aber verzeihen". Sonst, sagt Elisa Hamburger, könne man nicht weiterleben. Und wenn sie dann von den Besuchen auf den Pflegestationen spricht und davon, wie unbedeutend die eigenen Leiden angesichts der dort erlebten Schicksale werden, scheint es, als meine sie nicht nur aktuelle körperliche und seelische Probleme, sondern auch das Leid der Vergangenheit.

Kraft, sagt Frau Hamburger, würden ihr die Besuche bei den alten Menschen geben. Kraft dadurch, daß sie spürt, wie wichtig die Zuwendung ist, die sie ihnen geben kann. „Ohne die Erfahrungen auf den Pflegestationen hätte ich den Tod meines Mannes nicht so bewältigen können." Die Begegnungen hätten sie gelehrt, loszulassen und doch stark zu bleiben.

Ernst, ihr Mann, war es auch, der Elisa Hamburger zu der „Arbeit" mit den alten Menschen brachte. Sie hatte zwar immer gewußt, daß sie sich nach der Pensionierung für andere Menschen engagieren wollte, aber sie wußte nicht, ob sie das für Junge oder für Alte tun sollte. Ernst, Sozialarbeiter für gestrauchelte junge Menschen, riet ihr zu den Alten. „Junge, meinte er, bekommen leichter Hilfe. Um die Alten will sich niemand kümmern."

Also kümmert sich Elisa Hamburger. Und sie ging, als sie sah, wie notwendig alte Menschen Zuwendung brauchen, auf die Suche nach Mitkämpferinnen gegen die Einsamkeit und für mehr Mitmenschlichkeit. Bis zu 200 Damen und einige wenige Herren meldeten sich nach und nach und wurden von Elisa Hamburger an staatliche Pflegeheime vermittelt.

Mindestens zweimal die Woche fünf bis sechs Stunden schenkte das Besucherteam den alten Menschen. Sie spendeten

Trost, hörten einfach nur zu, lasen ihnen vor. Frau Hamburger nimmt ihre Schützlinge manchmal sogar mit nach Hause in ihren schönen Wintergarten. Sie besorgt sich Konzertkarten, um den alten Menschen Ablenkung zu verschaffen. Auf die Uhr guckt sie bei ihrem Einsatz nicht, und selbst aus dem Urlaub bedenkt sie die Daheimgebliebenen mit Post und Prospekten. „Denn Post zu bekommen ist für viele ganz bedeutsam."

Dann aber bekam ihr Mann einen Schlaganfall. Elisa Hamburger behielt ihn zu Hause und widmete sich nun ganz seiner Betreuung. Klar, daß sie daneben kaum noch Zeit und Kraft hatte, um sich weiter um ihre Besuchergruppe zu kümmern. Doch ausgerechnet da machte sie eine traurige Erfahrung: „Wenn man so einen Kreis nicht ständig pflegt, geht er einem verloren." Von ihren 200 Mitstreitern blieben nur etwa 40 übrig.

Nach dem Tod ihres Mannes aber stieg Frau Hamburger wieder voll ein. Und sie mutete sich bald mehr zu, als erträglich scheint. Allein im vergangenen Jahr begleitete sie drei ihr liebgewordene Menschen in den Tod. Sie saß bei ihnen Tag und Nacht am Bett, sprach mit ihnen und schwieg mit ihnen, versuchte, ihnen die Angst zu nehmen und die Leiden zu lindern.

„Jetzt", sagt die engagierte alte Dame, „brauche ich ein bißchen Pause." Dabei schwingt in ihrer Stimme die Bitte um Verständnis mit, ganz so, als sei es nicht selbstverständlich, daß auch ihre Kraft einmal aufgebraucht ist, sie selbst auftanken muß. Aber sicher drückt sie auch die Sorge um die alten Menschen in den Heimen, die nun einige Zeit ohne sie auskommen müssen – und nicht nur ohne sie. Denn die Bereitwilligkeit, anderen Menschen Zeit zu schenken, habe abgenommen, sagt Frau Hamburger.

Dabei versucht sie schon, so weit wie möglich auf die Vorstellungen jener Damen und Herren einzugehen, die sich bei ihr melden und sich um einen alten Menschen in einem Pflegeheim kümmern wollen.

Aber sie verheimlicht auch nicht, daß es da nicht immer nur angenehm und friedlich zugeht. Aggressionen und schlechte Gerüche gehörten zum Alltag solcher Besuche eben häufig auch dazu.

Und dennoch meint Elisa Hamburger, gerade jüngere Menschen seien verpflichtet, für die älteren zu sorgen. Aber sie, die auf so viele Dinge im Leben eine Antwort zu haben scheint, zuckt zuerst auch nur mit den Schultern, wenn es um die Frage der Motivierung geht. Und findet dann doch Gründe, über die es sich nachzudenken lohnt.

„Das ist eine Art Generationenvertrag. Erst haben die Älteren die Jüngeren aufgezogen, ihnen alles beigebracht. Nun müssen sich die Jüngeren revanchieren."

Oder auch die Frage: „Möchte ich nicht auch, daß sich jemand um mich kümmert, wenn ich alt bin und Hilfe brauche?" Und vor allem das, was Elisa Hamburger selbst immer wieder vorantreibt: „Die Kraft, die man durch die Begegnungen mit den vielen Menschen selbst bekommt. Die andere Sicht des Lebens, die im Alltag vieles vereinfacht."

Susanne von Bargen

Man hat keinen perfekten Tag gelebt, selbst wenn man sein Geld verdient hat, solange man nicht etwas für jemanden getan hat, der nie in der Lage sein wird, einen dafür zu belohnen.

Ruth Smeltzer

Durch nichts ist der Mensch den Göttern näher, als wenn er seinem Nächsten Gutes tut.

Cicero

Gegen die Einsamkeit

Der alte Herr, dem Lisa Marks bei einem ihrer ersten Besuche im Bergedorfer Pflegeheim Moosberg begegnete, hatte keine Beine. „Aber sein lebhaftester Traum war der, einfach wegzulaufen aus dem Heim.“ Statt der eigenen Wohnung ein Zimmer mit drei oder vier Mitbewohnern, kein eigenes Möbelstück, nichts, was eine persönliche Identität zu bewahren half, das war einfach zuviel für ihn.

„Eine wunderbare Pflege macht eben nicht alles aus“, sagt die Bergedorfer Unternehmerin. Und sie wußte sofort: „Hier muß ich helfen, etwas gegen die Einsamkeit tun, Freude machen.“ Wie das geht, hatte Lisa Marks beim Pflegeheim Oberaltenallee gelernt, dessen Freundeskreis sie bereits angehörte. „Allerdings war ich da mehr passiv.“

Nun legte die tatkräftige Frau los, „sammelte Leute um mich, die ich am Anfang unbedingt brauchte“. Das waren ein Anwalt, ein „Bankmensch, der keine Zinsen berechnete“, eine Reporterin und ein Grafiker. Der Freundeskreis Pflegeheim Moosberg entstand, ist inzwischen auf 60 Mitglieder angewachsen und kommt einmal im Monat zusammen, um über die nächsten Aktivitäten zu sprechen.

Doch was jetzt so einfach klingt, hatte durchaus Anlaufschwierigkeiten. „Es ist nicht so leicht, Menschen zum Mitmachen zu bewegen“, erinnert sich Lisa Marks. Wer Zeit hat, ist meistens schon im fortgeschrittenen Alter und will damit dann nicht auch noch in seiner Freizeit konfrontiert werden.

„Für Jugendprojekte findet sich leichter Hilfe“, erfuhr die engagierte Geschäftsfrau. Und auch jetzt noch sind viele ihrer Mitglieder zurückhaltend. „Wenn es darum geht, selbst mitzumachen, steht eigentlich nur ein Drittel zur Verfügung.“

Das hat die einfallsreiche Mutter zweier inzwischen erwachsener Kinder auf neue Gedanken gebracht. Sie will versuchen, Jugendorganisationen für sich zu gewinnen, damit sie ihnen zum Beispiel auf Ausflügen helfen oder dem Freundeskreis auch in anderer

Weise assistieren. Die Chancen, daß Lisa Marks auch da Erfolg hat, stehen gut. Mit ihrer Dynamik und ihrer Einsatzfreude hat die lebhafte Unternehmerin schließlich schon so manches und so manche bewegt.

Sie trieb den Neubau im Pflegeheim voran, so daß es jetzt nur Ein- und Zweibettzimmer gibt. Bei der Körber-Stiftung in Bergedorf erreichte sie großes Entgegenkommen, um einmal im Jahr das Theater „Haus im Park" für alte Menschen mieten zu können. „Es ist so wichtig, daß die alten Damen und Herren auch einmal rauskommen aus ihrer Umgebung, mal was anderes sehen."

Für bunte Nachmittage im Heim konnte sie schon Heidi Kabel oder unlängst auch Ilse Werner gewinnen. Eine gelungene Aktion: „Bei den Bewohnern wurden viele alte Erinnerungen wach."

Fürstin Bismarck ließ die Temperaturen in ihrem Schmetterlingsgarten extra herunterdrehen, damit die Bewohner des Pflegeheimes zur Besichtigung kommen konnten, und schließlich werden die Damen des Freundeskreises auch selbst auf ungewöhnliche Weise aktiv.

Lisa Marks konnte einige Freundinnen dazu bewegen, den Kleiderschrank zu plündern und selbst als Mannequins vor einem glücklichen Publikum im Pflegeheim auf einer Modenschau zu laufen.

Und dann die Wünsche der alten Menschen in Moosberg. Korbstühle, Vasen, Wolldecken – Lisa Marks sorgt immer wieder für Erfüllung. All das kostet, und von den fünf Mark, die die Mitglieder des Freundeskreises als Beitrag zahlen, kann das natürlich nicht finanziert werden.

„Aber richtig betteln mußte ich noch nie", sagt die Vorsitzende dankbar. Sie tut sich in ihrer Geschäftswelt um, hat da stabile Kontakte aufgebaut, die nun auch dem Pflegeheim Moosberg zugute kommen. Ihr Pflegekreis profitiert finanziell vom Verkauf der Häkelarbeiten von den Kirchwerder Landfrauen, denen sich Lisa Marks angeschlossen hat. Und im übrigen hat sie ganz offensichtlich eine Begabung, Menschen für eine gute Sache zu gewinnen, ihr Organisationstalent in den Dienst einer guten Sache zu stellen.

All ihre Aktionen sprudeln aus der Frau mit der kräftigen Lockenmähne heraus, die gleich wieder in eine Besprechung mit dem Architekten über den Geschäftsumbau muß. Und in ihrem Büro sieht es auch nicht aus, als ob sie überflüssige Zeit hat.

Na ja, sagt Lisa Marks, als Selbständige könne man sich eher schon mal freimachen als ein Angestellter. Aber das klingt nicht danach, als ließe sie ihr Geschäft wegen ihres sozialen Engagements auch mal links liegen, obgleich sie zur Zeit auch noch Präsidentin des Lions-Clubs Harvestehude ist. Es scheint einfach, als empfände Lisa Marks es als Vorwand zu sagen, „ich habe keine Zeit“.

Allerdings: „Wenn der Partner nicht damit einverstanden ist, daß man viel um die Ohren hat, sollte man es lassen.“ Und das habe sie häufig erlebt, gerade wenn die Kinder aus dem Haus sind und eine neue Phase für die Partnerschaft beginnt. In ihrer Ehe ist das kein Problem, weil ihr Mann selbst in der Verbandsarbeit aktiv und viel unterwegs ist.

Gelegentlich hätte Lisa Marks sogar gern noch mehr Einwirkungsmöglichkeiten, um die Situation alter Menschen zu verbessern. „Es wäre schön, wenn wir auch mal angehört würden, unsere Erfahrungen einbringen könnten in das, was der Staat im Zusammenhang mit seinen Altenheimen macht.“

Da spricht sie dann auch schon mal bei Bürgermeistern, Senatoren oder Bezirkspolitikern vor, doch trotz aller Einsatzfreude und Streitlust „bin ich manchmal auch ganz schön frustriert“. Zum Beispiel im Zusammenhang mit dem Kampf um einen kleinen Grüngürtel in Heimnähe. Lisa Marks hätte ihn gern erhalten, weil er an ein Biotop angrenzt, das ihr Freundeskreis gemeinsam mit der Bundeswehr für die alten Menschen angelegt hat. Und: „Der angrenzenden Wohnsiedlung Bergedorf-West hätte ein bißchen Grün auch gutgetan.“

Nun soll dort aber ein Gewerbehof entstehen, mit einem Lärmschutzwall zum Pflegeheim hin abgegrenzt. Nicht nur, daß sich Frau Marks darüber ärgert, daß die Bewohner dann immer gegen diese Wand gucken, sie fragt sich auch, wer in dem Gewerbehof seßhaft werden soll.

„Aus den angrenzenden Wohngebieten kann sich doch niemand selbständig machen." Aber der Freundeskreis wurde nicht zu Rate gezogen. „So werden ehrenamtliche Helfer vor den Kopf gestoßen."

Gleichwohl findet Lisa Marks es heute mehr denn je wichtig, daß die Menschen sich sozial engagieren. „Ich glaube, daß sich jede Heimleitung freut, wenn jemand kommt und sagt, er möchte helfen." Für sie selbst sind die Besuche in „ihrem" Pflegeheim längst mehr als nur liebe Gewohnheit.

Manchmal, sagt Frau Marks, wenn sie ganz abgespannt ist und nach dem Büro dann doch noch ins Heim geht, „sehe ich dort die glücklichen Gesichter, und das ist für mich eine richtige Erholung".

Susanne von Bargen

Was wirklich zählt, ist, was du mit dem machst, was du hast.

Shirley Lord

Zufriedenheit ist ein Nebenprodukt einer Bemühung, jemanden glücklich zu machen.

Gretta Brooker Palmer

Wer für das Wohl der anderen sorgen möchte,
hat damit auch schon für sein eigenes gesorgt.

Konfuzius

Der Clown

Du gehst an diesem Ort durch die Korridore, von Zimmer zu Zimmer, und was siehst du? Die meisten Leute schauen in ein Zimmer hinein und sehen das eine oder andere behinderte Kind. Sie konzentrieren sich auf die eine oder die andere Deformität oder Verhaltensweise. Das tue ich auch, denn jene Anblicke können sehr zwingend sein.

Aber es gab ein Kind, das meine Wahrnehmung völlig umkehrte. Wir machten mit den Kindern Sprachübungen, und ich hatte den Austausch: „Wie geht es dir?" – „Mir geht es gut" gewählt. Nun hatte dieser eine kleine Junge große Schwierigkeiten damit und antwortete etwa in folgender, nuschelnder Weise: „Mli geehs gu". „Laß es uns noch einmal ganz langsam versuchen", sagte ich. „Wie ... geht ... es ... dir?" Und er nuschelte: „Mli geehs gu." Dann plötzlich brach er in dieses nuschelnde, verrückte, wundervolle Gelächter aus. Es war der verrückteste Klang, den ich je gehört hatte. Es ging ihm eben nicht besonders gut – und mir auch nicht. Es ging uns beiden beschissen. Es war absurd. Wir mußten beide laut heulend lachen.

Inmitten all dessen warf er mir plötzlich einen sehr klaren Blick zu – tief aus seinen Augen heraus, jenseits des Gesichtsausdrucks. Ich hatte den sofortigen Gedanken: „Mein Gott, er weiß mehr, als ich je über dies alles erfahren werde. Er sieht die gesamte Situation." An diesem Punkt verzog er sein Gesicht wie ein Clown und zeigte mir dieses wundervolle Augenzwinkern.

Ich war völlig verblüfft. Alles, was ich bei ihm noch sehen konnte, war dieser unglaubliche Humor in bezug auf die Dinge. Er saß so tief in ihm drinnen. Er hatte alles genau in der richtigen Perspektive. Und mir vermittelte er jetzt diese Perspektive.

Als ich ihn verließ, drehte sich bei mir alles im Kopf. Ich ging den Korridor hinunter und schaute in die Zimmer der Kinder, die ich seit Monaten zu kennen meinte. Alles war ganz neu. Ich weiß nicht, wie ich es richtig beschreiben soll. In dem einen Zimmer sah ich das Vorhandensein von Mut. In dem anderen Zimmer erkannte ich Freude. Auf der anderen Seite des Korridors nahm ich die dort vorhandene Geduld wahr. In einem weiteren Zimmer war ein süßer kleiner Junge, der so völlige Liebe ausstrahlte, daß man da und dort hätte „sterben“ können – oder besser gesagt, leben!

Ich fühlte mich so demütig. Ich schwöre, ich wäre fast auf die Knie gefallen. Hier war ich, der ich umherging und Sprachübungen, kleine Lektionen und Tips gab. Und was erhielt ich dafür als Gegengabe? *Menschlichkeit.* Grundlegende Menschlichkeit, die tiefsten Qualitäten einer Person – tiefer, als man sie wohl je woanders erleben könnte.

Welch ein Geschenk! Wie sehr hat mir diese Erfahrung bei meiner Arbeit geholfen! Sie hat tatsächlich mein Leben verwandelt. Wie oft kann man das schon von sich behaupten?

Ram Dass / Paul Gorman, Wie kann ich helfen?

Mehr aber, als Vasudeva ihn lehren konnte, lehrte ihn der Fluß. Von ihm lernte er unaufhörlich. Vor allem lernte er von ihm das Zuhören, das Lauschen mit stillem Herzen, mit wartender, geöffneter Seele, ohne Leidenschaft, ohne Wunsch, ohne Urteil, ohne Meinung.

Hermann Hesse, Siddharta

Dies ist die wahre Freude im Leben, benutzt zu werden für einen Zweck, den du selbst als einen machtvollen erkennst.

George Bernard Shaw, Dedicatory Letter

Baby-Zauber

Sie hatte zusätzlich zu ihren üblichen Pflichten als Frau und Mutter die Last einer schweren beruflichen Verantwortung zu tragen, weshalb ihr Leben randvoll und äußerst stressig war. Als Direktorin einer privaten Vorschule hatte sie Sorgen, genügend Schüler zu finden, mußte es besorgten Eltern recht machen und den Aufsichtsrat ihrer Schule zufriedenstellen. Daheim hatte sie zwei eigene Kinder im Teenageralter. Es schien unmöglich, ihrem Tagesplan noch eine weitere regelmäßige Verpflichtung hinzuzufügen. Sie machte es trotzdem und begab sich einmal die Woche auf den viertelstündigen Fußweg zum nahe gelegenen städtischen Gesundheitszentrum, dem Long Island College Hospital, wo sie Handschuhe und einen hellgelben sterilen Kittel anlegte. Dann betrat sie den von Glaswänden abgeschirmten Bereich, den sie einmal jemanden den „Abfallraum“ hatte nennen hören. In diesem Raum wurden die Neugeborenen mit medizinischen Komplikationen zur Aufsicht behalten. Lynns Aufgabe bestand hier darin, die Babies im Arm zu halten, zu füttern und ihre Windeln zu wechseln; es schien nicht genügend Eltern oder Schwestern zu geben, die das hätten allein bewältigen können.

Vor zwölf Jahren hatte Lynn selbst im Krankenhaus gelegen. Sie hatte ständige Rückenschmerzen gehabt, die so stark geworden waren, daß sie ein Arzt zum Strecken schickte und ihr sagte, eine Operation sei notwendig. Aber sie wollte sich nicht operieren lassen. Statt dessen nahm sie an einem Kurs teil, bei dem sie lernte, daß die meisten Rückenschmerzen dadurch zu beheben waren, daß man seinen Streß in den Griff bekam. Einige Entspannungstechniken empfand sie als ganz hilfreich, aber die periodischen Schmerzanfälle hielten an – bis sie mit ihrem Hilfseinsatz bei den Babies anfing.

Vor kurzem war sie an einem ihrer Einsatztage ins Krankenhaus gekommen und hatte zehn Babies im Raum vorgefunden, von denen vier gerade gefüttert wurden und die anderen weinten. Sie waren so klein, daß sich ihr Weinen wie das Miauen kleiner Kätzchen anhörte.

Manche der Babies, die für einige Zeit in diesem Raum bleiben, sind verlassen worden, oft von Eltern, die drogensüchtig sind; manche von ihnen weisen postnatale Anzeichen des Drogenentzugs auf. Viele von ihnen wurden von Müttern geboren, die sich während ihrer Schwangerschaft keine medizinische Betreuung hatten leisten können und zur Entbindung nicht ins Krankenhaus gegangen waren. Hier schlafen sie in kleinen Bettchen, und jede Krippe trägt einen Aufkleber mit dem Familiennamen und einigen einschlägigen Daten des Kindes.

Lynn beugte sich über eine hüfthohe Krippe, um ihr erstes Baby des Tages herauszunehmen, einen einwöchigen Jungen, der wie die anderen dunkelhäutig und sehr klein war. Diese Babies mit allen ihren Problemen waren ungewöhnlich hübsch anzusehen, mit ihren riesigen dunklen Augen und ihren so winzigen kleinen Körpern. Dieser Junge hieß Madison. Er war außerhalb eines Krankenhauses geboren; man wartete die Ergebnisse eines Drogentests bei ihm ab, und dann sollte er Pflegeeltern zugewiesen werden. „Bei manchen bekommt man es mit der Angst zu tun, wenn man sie in den Arm nimmt", sagte Lynn, als sie Madison hielt. „Man kann direkt alle Knochen spüren."

Madison schnappte mit verblüffender Energie nach der Flasche. Lynn schaukelte ihn vor und zurück und fütterte ihn dabei.

Da wurde ohne weitere Ankündigung ein neues Baby hereingebracht, eine halbe Stunde alt, groß und rosarot und lauthals krähend. Man wollte es hier auf seinen Blutzuckergehalt untersuchen, weil es so ungewöhnlich groß war. Dieser kleine Nachzügler schaute so überraschend gesund aus, daß einem die anderen plötzlich noch kleiner vorkamen. Im scharfen Kontrast zu ihm lag das Baby direkt neben ihm, Sánchez, der mit Herz- und Leberproblemen zur Welt gekommen war, in einem Inkubator.

Bei seiner Geburt hatte Sánchez gerade ein Kilogramm gewogen.

Während eine Schwester sich um den jüngsten Ankömmling gekümmert hatte, war Lynn mit dem Füttern von Madison fertig geworden und hatte ihn auf ihrer Schulter in den Schlaf getätschelt. „Und jetzt zum nächsten", sagte sie, legte Madison in sein Bettchen und lehnte sich dann über Dupree, um ihn aufzuheben. Sie gab sich keinerlei Mühe, ihren Rücken zu schonen, der, wie sie sagte, bei ihrer Ankunft etwas steif gewesen war.

Dupree hatte krauses schwarzes Haar und Gesichtszüge, die ihn fast erwachsen aussehen ließen. Er war zwei Wochen alt, und er zitterte, manchmal leicht, manchmal in starken Schaudern, die seinen ganzen Körper durchliefen. „Tut mir leid, tut mir leid", sagte Lynn zu ihm, als sie ihn in den Armen hielt und wiegte.

Lynn verbrachte volle zwei Stunden in der Säuglingsabteilung mit dem Herausheben und Hineinlegen von Babies, mit dem Füttern und Windelnwechseln. Gegen Ende dieser zwei Stunden waren ihre Rückenschmerzen verschwunden. Als sie ihren Mantel überzog und das Hospital verließ, bemerkte sie etwas anderes: Ihre Hände rochen immer noch nach den Babies. „Baby Magic", sagte sie und schneuzte sich. „Baby Magic" ist eine Babyöl-Marke. Und eine passende Beschreibung für das, was sich in Lynns Leben ereignet hatte.

Allan Luks, Der Mehrwert des Guten

Gute Taten und heiße Bäder sind die besten Heilmittel bei Depression.

Dodie Smith

Bobby und seine Freunde

Er freut sich so unbändig, daß er die Beine hochwirft und im Sitzen auf dem Bett herumhopst. „Das Interview macht Spaß!" ruft er aus und hält sich den Bauch vor Lachen. Rolf, der seit einigen Wochen eigentlich nur noch Bobby genannt werden möchte, geht es bestens. „Es ist ja schön grün, der Himmel ist ja blau." Und erst die Erlebnisse, die er in letzter Zeit hatte. Bobbys großer Bruder Gerd erzählt von der Party, auf der Bobby die ganze Nacht mit Veronica Ferres getanzt hat. „Du, jetzt mußt du aber mal bald ins Bett", habe er irgendwann gemahnt, sagt Gerd Brederlow. „Herr Bredi!" habe Bobby ausgerufen. „Du hast keine Ahnung. Das hier ist doch das Superweib!"

Rolf Brederlow leidet unter – ach was, er *hat* das besser als Mongolismus bekannte Down-Syndrom und leidet kein bißchen darunter. Im Gegenteil: Er erlebt gerade eine der schönsten Zeiten seines Lebens. Denn Rolf Brederlow ist jetzt Schauspieler. Am vergangenen Montag war sein letzter Drehtag für die Fernsehserie „Mord und Totschlag" mit Senta Berger und Friedrich von Thun. Rolf spielt darin den 23jährigen Bobby.

Vor zehn Jahren starben Rolfs Eltern im Abstand von einem Jahr. Die beiden älteren Brüder mußten die Frage beantworten, wohin mit dem behinderten jungen Mann, der damals 26 Jahre alt war. Um die Pläne seines anderen Bruders, Rolf bald in ein Heim zu geben, zu verhindern, holte Gerd ihn aus Norddeutschland zu sich nach München. „Der wollte mich ins Heim tun, das wollte ich ja nicht", erzählt Bobby – der die schwarze Kappe mit dem aufgestickten Namen, ein Geschenk der Filmgesellschaft, übrigens am liebsten gar nicht mehr abnehmen möchte. „Das ist ja abartig", sagt er noch zu der Idee mit dem Heim. Und „Da hauen wir jetzt ein Ei drauf." Seit acht Jahren lebt Rolf jetzt im Lehel bei seinem Bruder Gerd, den er „Herr Bredi, das alte Monster", nennt, und bei dessen Freund Udo Bandel, dem er aus unerfindlichen Gründen den Namen „Mister Herr Bendel" verpaßt hat.

Tagsüber stellt er in der Lebenshilfewerkstatt „so BMW-Teile" her, im Urlaub und in der Freizeit ist er bei Udo und Gerd immer dabei. Ob in Thailand oder Indien, in Kneipen oder auf Partys – im Freundeskreis der beiden ist der „kleine Bruder" höchst beliebt. So kam es denn auch, daß Bobby mit Veronica Ferres tanzte – auf einem Fest bei Freunden. Und durch die vielen Bekannten aus der Filmszene entstand auch die Idee, den fröhlichen jungen Mann für eine Rolle zu engagieren. Der Regisseur Bernd Fischerauer, ein Freund der Brederlows, kam dann auch sofort auf Rolf, als ihm ein Drehbuch vorgelegt wurde, in welchem ein behinderter junger Mann vorkommt.

Acht Wochen lang durfte Rolf der Lebenshilfe wegen der Dreharbeiten den Rücken kehren. Waren die Kollegen neidisch? „Ja, ein bißchen. Aber ich geh' ja bald wieder hin." Die Texte zu lernen war offenbar kein Problem. „Mammi, Mammi, darf die Celine nach Österreich?" rezitiert er stolz, was er vor der Kamera sagen muß. Oder: „Die fährt nach Kitzbühel zum Max." „Bobby kommt nur mit, wenn Celine mitdarf." Auf zwei Wörter ist er ganz besonders stolz „Buona notte."

Verplappert er sich da nicht manchmal? „Nein, nie!" Na ja, einmal gab's schon einen lustigen Versprecher, verrät Gerd. „Celine, für dich würde ich zu Fuß nach Honolulu übers Wasser gehen" mußte er an einer Stelle sagen. Doch das Wort „Honolulu" wollte ihm einfach nicht mehr einfallen. „Sag halt irgend ein Land!" flüsterte man ihm von hinter den Kulissen zu. Und Bobby sagte: „Celine, für dich würde ich zu Fuß in irgendein Land übers Wasser gehen ..." Eine seiner Wortschöpfungen könnte Bobby glatt an Gastronom Gerd Käfer verkaufen. „Heute hatten wir Käfering", erzählte er eines Abends bei der Rückkehr vom Drehort stolz. Gemeint war Catering mit Essen von Käfer.

Da die Dreharbeiten für Bobby bereits abgeschlossen sind, muß er sich künftig wieder mit seinen privaten Rollenspielen begnügen. Dazu setzt er sich an das Rednerpult in seinem Zimmer, wird ganz ernst und spielt Parlamentarier. „Spitzenkandidat“ wolle er einmal werden, erklärt er. Und dann macht er vor, wie er eine Rede hält. Über was? „Nur über mich.“ Es geht los. „Meine sehr verehrten Damen und Herren, liebe Parlamentarier.“ Es folgt ein Absatz aus der Zeitschrift *Spiegel,* den er laut vorliest.

Worauf steht er noch? Auf Fußball. FC Bayern natürlich. Er weiß, daß Trapattoni jetzt weggeht und Hitzfeld kommt. Was an dem italienischen Trainer auszusetzen war? „Der Trap macht immer so komische Handbewegungen“, erklärt Bobby und macht sie auf dem Bett auf und ab hüpfend nach.

Bobby kann auch ernst werden. Wenn er etwas erzählen will, und jemand redet dazwischen. „Du unterbrichst mich immer!“ sagt er dann vorwurfsvoll. Wenn er geneckt wird: „Komm, hör auf.“ Auch ironisch werden kann Bobby durchaus. Auf wiederholte Belehrungen reagiert er so: „Ich weiß es ja, gnädiger Herr.“ Aber liebevoll sind Bobbys Frotzeleien immer gemeint, das merkt man spätestens dann, wenn er mitten im Gespräch selig lächelt, die Hand seines Bruders nimmt und seufzt: „Gell, Herr Bredi, du versorgst mich gut.“

Bei einer richtigen Filmpremiere wäre er gerne mal dabei, sagt Bobby auf die Frage nach seinen Zukunftsplänen. „Meine Filmleute“, sagt er stolz und zeigt ein Polaroid von den Dreharbeiten zu „Mord und Totschlag“. Mit Stars (siehe Veronica Ferres) weiß er ja ohnehin längst umzugehen. Und das wird noch besser werden. Denn im Herbst wird Bobby David Copperfield persönlich kennenlernen. Daß er bei dessen Vorstellung in der Olympiahalle in der ersten Reihe sitzen darf, ist abgemacht. Ein Photo von Copperfield mit Autogramm und den Glückwünschen „To Bobby all the best“ steht schon auf seinem Rednerpult. Was ihn bei der Vorstellung erwartet, kann sich Bobby vorstellen: „Der nimmt ein Ei, macht ein Tuch darauf und sagt Simsalabim.“ Ja, fügt er noch hinzu, „Zauberkünstler muß man auch haben.“

Claudia Wessel

Sanfter Eingriff

Die Schnellbahn ratterte und klapperte an einem schläfrig machenden Nachmittag im Frühling durch die Vorstädte Tokios. Unser Waggon war vergleichsweise leer – bis auf einige Hausfrauen mit ihren Kindern und einige ältere Leute, die zum Einkaufen in das Stadtzentrum fuhren. Ich schaute verträumt auf die grauen Häuser und die verrußten Hecken.

Als wir in einer Station anhielten, gingen die Türen auf, und plötzlich wurde die nachmittägliche Stille durch laute, aggressive, unverständliche Flüche zerschmettert. Ein Mann schwankte in unseren Waggon hinein. Er trug Arbeiterkleidung; er war groß, betrunken und schmutzig. Schreiend schlug er auf eine stehende Frau ein, die ihr Baby festhielt. Der Schlag schleuderte sie gegen ein älteres Ehepaar. Es war ein Wunder, daß das Baby unverletzt blieb.

Entsetzt sprang das Paar auf und flüchtete zum anderen Ende des Waggons. Der Arbeiter versuchte noch, der alten Frau einen Tritt von hinten zu geben, verfehlte dabei aber sein Ziel, während sie sich in Sicherheit zu bringen suchte. Dadurch wurde der Betrunkene noch wütender, und er griff nach der senkrechten Haltestange in der Mitte des Waggons und versuchte, sie aus ihrer Halterung zu lösen. Ich konnte erkennen, daß eine seiner Hände Schnittwunden hatte und blutete. Der Zug ratterte weiter, während die Passagiere vor Angst erstarrten. Ich stand auf.

Damals, vor etwa zwanzig Jahren, war ich noch jung und in ziemlich guter Form. Ich hatte seit drei Jahren fast jeden Tag solide acht Stunden mit Aikido-Training zugebracht. Ich genoß das Ringen und Werfen bei diesen Übungen, und ich hielt mich für stark. Das Problem lag aber darin, daß diese Kampfkunst noch nie von mir in der wirklichen Konfrontation erprobt worden war. Als Aikido-Schüler war es uns untersagt, zu kämpfen.

„Aikido“, hatte mein Lehrer immer wieder und wieder betont,

„ist die Kunst des Ausgleichs und der Versöhnung. Wer immer das Bedürfnis zu kämpfen haben mag, hat seine Verbindung mit dem Universum durchtrennt. Wenn du andere Menschen zu beherrschen suchst, bist du bereits besiegt. Wir studieren den Weg, wie man die Konfrontation *auflöst* – nicht wie man sie *auslöst.*“

Ich hatte auf seine Worte gehört. Ich gab mir große Mühe. Ich ging sogar so weit, daß ich auf die andere Straßenseite ging, um den *chimparas,* den japanischen „Halbstarken“, die an den Bahnhöfen herumlungerten, aus dem Wege zu gehen. Meine Voraussicht exaltierte mich. Ich fühlte mich sowohl stark als auch heilig. In meinem tiefsten Herzen jedoch suchte ich nach einer legitimen Möglichkeit, bei der ich die Unschuldigen erretten könnte, indem ich die Schuldigen vernichtete.

„Jetzt ist der Zeitpunkt“, dachte ich, als ich aufstand. „Menschen sind in Gefahr. Wenn ich jetzt nicht eingreife, wird jemand wahrscheinlich verletzt werden.“

Als er mich aufstehen sah, erkannte der Betrunkene eine Chance, seine Wut endlich auf ein konkretes Ziel auszurichten. „Aha!“ brüllte er. „Ein Ausländer! Ich werde dir eine Lektion japanischer Manieren beibringen!“

Ich hielt mich am Haltegriff neben mir fest und vermittelte ihm einen gelangweilten Blick der Abscheu und der Abweisung. Ich hatte vor, dieses Huhn zu rupfen, aber er mußte den ersten Schritt vollziehen. Ich wollte ihn noch wütender machen, und so zog ich meine Lippen zusammen und zeigte ihm einen imaginären, herausfordernden Kuß.

„In Ordnung!“ brüllte er. „Du wirst jetzt deine Lektion bekommen!“ Er sammelte sich, um sich auf mich zu stürzen.

In dem Bruchteil einer Sekunde, bevor er auf mich losstürmen konnte, rief jemand plötzlich: „Hey!“ Es war ein tiefer, eindringlicher Klang. Ich kann mich noch an den merkwürdig freudigen, trällernden Klang erinnern – als ob man mit einem Freund zusammen sorgsam nach etwas gesucht und er diesen Gegenstand nun plötzlich gefunden hat: „Hey!“

Ich drehte mich zu meiner linken Seite hin, während der Betrunkene vor mir sich zu seiner rechten Seite wand. Beide starrten wir hinunter auf einen kleinen, alten japanischen Mann. Dieser Herr, der da im makellosen Kimono saß, muß wohl in den Siebzigern gewesen sein. Mich beachtete er überhaupt nicht, aber er strahlte den Arbeiter an, als ob er ein lang gehütetes Geheimnis mit ihm zu teilen hätte.

„Komm doch näher“, sagte der alte Mann in einem sehr umgänglichen Tonfall, während er den Betrunkenen mit leichter Hand zu sich heranwinkte.

Der große Mann folgte, als ob er eine Marionette sei. Er pflanzte sich herausfordernd vor dem alten Mann hin und brüllte wieder: „Warum zur Hölle sollte ich mit dir reden?“ Er hatte mir jetzt seinen Rücken zugewandt. Wenn er seinen Ellbogen auch nur einen Millimeter zu bewegen wagte, würde ich ihn wie einen Baum fällen.

Der alte Mann strahlte ihn unverändert weiter an. „Was hast du denn getrunken?“ fragte er voller Interesse. „Ich hab’ Saké getrunken“, donnerte der Arbeiter als Antwort zurück, „und es geht dich einen Dreck was an!“ Er besprühte den alten Mann dabei mit Spritzern von Speichel.

„Oh, das ist wundervoll“, sagte der alte Mann, „absolut wundervoll! Weißt du, ich liebe auch Saké. Jeden Abend wärmen meine Frau (sie ist jetzt sechsundsiebzig, mußt du wissen) und ich eine Flasche Saké auf und nehmen sie mit in unseren Garten und setzen uns dort auf eine alte Holzbank. Wir betrachten gemeinsam den Sonnenuntergang und schauen auf unseren Dattelpflaumenbaum. Mein Urgroßvater hat den Baum gepflanzt, und wir machen uns Sorgen, ob er sich von jenen Frostnächten im letzten Winter wieder erholen wird. Aber wenn man bedenkt, wie nährstoffarm unser Boden dort ist, hat er sich bis jetzt besser gehalten, als ich erwartet hätte. Es ist ein so erfüllendes Gefühl, dort mit unserem Saké zu sitzen und den Abend zu genießen – manchmal sogar unter der Überdachung im Regen!“ Er schaute zum Arbeiter hinauf, und seine Augen funkelten.

Während er sich bemühte, den Worten des alten Mannes zu folgen, begann sich das Gesicht des Betrunkenen zu entspannen. Seine geballten Fäuste begannen sich zu lösen. „Ja, ja“, sagte er, „ich liebe auch Dattelpflaumenbäume …“ Seine Stimme verebbte langsam.

„Ja“, sagte der alte Mann lächelnd, „und ich bin mir sicher, daß auch du eine wundervolle Ehefrau hast.“

„Nein“, sagte der Arbeiter. „Meine Frau ist gestorben.“ Sehr sanft, fast synchron mit dem Rhythmus des ratternden Waggons begann der große Mann zu weinen und zu seufzen. „Ich hab' keine *Frau.* Ich hab' kein *Zuhause.* Ich hab' keine *Arbeit:* Ich *schäme* mich so vor mir selbst.“ Tränen rollten an seinen Wangen nieder, ein Zucken von Verzweiflung durchlief seinen ganzen Körper.

Jetzt kam mein Moment. Da stand ich mit meiner gestriegelten Gutartigkeit von unschuldiger Jugend, mit meiner „Wir-machen-die-Welt-sicher-für-die-Demokratie“-Haltung der Selbstgerechtigkeit. Plötzlich fühlte ich mich schmutziger als der Betrunkene.

Dann erreichte der Zug meine Haltestelle. Während sich die automatischen Türen öffneten, hörte ich im Gehen noch, wie der alte Mann verständnisvoll mitseufzte: „Oh weh, oh weh! Das ist wirklich sehr traurig. Setz dich doch hier zu mir her, und erzähle mir davon.“

Ich wandte den Kopf, um einen letzten Blick zu werfen. Der Arbeiter lag auf der Sitzbank, mit seinem Kopf im Schoß des alten Mannes, der mit seiner Hand sanft über das verfilzte Haar des Betrunkenen strich.

Während der Zug den Bahnhof wieder verließ, setzte ich mich am Bahnsteig auf die Wartebank. Das, was ich mit Muskelkraft hatte erreichen wollen, war durch gütige Worte vollbracht worden. Ich war gerade Zeuge dessen geworden, was Aikido im Kampf ist – und die Essenz davon ist Liebe. Ich würde, so wurde mir sehr klar, diese Kunst noch lange mit einer anderen geistigen Haltung ausüben müssen, bevor ich auch nur über die Schlichtung eines Konfliktes sprechen könnte.

Ram Dass / Paul Gorman, Wie kann ich helfen?

„Verstehen – durch Stille.
Wirken – aus Stille.
Gewinnen – in Stille.

Dag Hammarskjöld

Dies hat sich tief in meinem Herzen eingeprägt: Es gibt niemanden, den du nicht lieben könntest, wenn du einmal seine Geschichte gehört hast.

Mary Lou Kownacki

Ein Mensch kann nur das tun, was ein Mensch tun kann. Aber wenn er das jeden Tag tut, dann kann er in der Nacht schlafen und es am nächsten Tag wieder tun.

Albert Schweitzer

Die große Liebe

Unten ein paar Baracken im grauen Wüstensand. Ein paar kahle Hügel, am Horizont das Meer. Ankunft in Karachi.

Da überfiel es mich in plötzlichem Entsetzen: In welchem Anflug geistiger Umnachtung hatte ich mich freiwillig in diese verlassene Einöde gemeldet. Es war März damals und sehr heiß in Karachi, als ich im Wintermantel ausstieg. Ich war ziemlich flugkrank und hatte gut und gerne seit 24 Stunden nichts mehr im Magen. Nicht einmal einen Tee erhielt ich. Das Zimmer, das mir zugewiesen wurde, besaß nur eine halbe Wand. Auf der anderen Seite wohnten die Mädchen. Das Radio dröhnte in einer solchen Lautstärke, daß ich mit meinem Koffer auszog. Sicher war ich nicht nur total übermüdet, ich hatte bestimmt auch niedrigen Blutzucker. Ich dachte: So sollte man einen jungen Menschen in einem fremden Land nicht empfangen. Und: Hier bleibe ich nicht.

Mein erster Eindruck von der Kommunität war: Morgens wurde unterrichtet. Nachmittags wusch und bügelte man seine Kleider. Es dauerte etwa drei Wochen, bis ich mich auf Englisch verständlich machen konnte. Dann ging ich mit Berenice, einer mexikanischen Mitschwester, die Französisch sprach und Apothekerin war, in die Slums. Es war der Morgen, der alles entschieden, der alles verändert hat. Das Lager in der McLeod Road, in das sie mich nach Wochen zum erstenmal mitnahm, war eine illegale Ansammlung von Elendshütten. Eines der verrufensten Viertel der Hafenstadt Karachi. In der Nähe des Hauptbahnhofs, in unmittelbarer Nachbarschaft einer der modernsten und verkehrsreichsten Straßen Karachis. Hier vegetierten die Ärmsten der Armen, die aussätzigen Bettler. In Hütten aus alten Pappkartons, Bambusstöcke mit darübergehängten Säcken. Manche aus ein paar verschlissenen Bambusmatten zusammengebaut. Aber auch die hielten den Regen nicht ab. Und dahinter dieses Elend. Dieses klag- und hoffnungslose Elend: gefühllose Glieder, die nachts die Ratten anfraßen. Schmutz und Ungeziefer. Haschisch, Schlägereien. Etwa 150 Leprapatienten lebten hier, in unvorstellbarem Schmutz. Unvorstellbar, wirklich. Selbst unter den Bedingungen von Karachi, wo rund 80 Prozent aller Leute in menschenunwürdigen Verhältnissen leben. Man stelle sich vor: mitten in der Stadt, aber in einer Senke, die sich zur Regenzeit knietief mit den Abwässern der Stadt füllte und das Lager in einen stinkenden See verwandelten. Das Wasser mußte gekauft und in die Hütten getragen werden.

Heute klingt das alles wie eine billige Reportage. Aber damals war das Wirklichkeit. Greif-, riech-, fühl- und hörbare Wirklichkeit.

Hier also war das Marie-Adelaide-Leprosy-Center, 1957 von einer französischen Sozialfürsorgerin gegründet. Aus allen Teilen der Stadt suchten sie hier Hilfe und Behandlung. Und das war das „Dispensary“, der Behandlungsraum: aus alten Holzkisten zusammengenagelt, ohne Elektrizität, ohne Wasser. Nur zwei winzige Fenster. Der Raum vollgestopft mit Patienten, die sich auf den wenigen Quadratmetern drängten. Dann unerträgliche Hitze, Gestank, Lärm. Asien ist ja ein ohrenbetäubend lauter Kontinent. Und Fliegen, überall Fliegen.

Was mich aber damals noch mehr erschüttert hat, das war dieser eine Patient. Nicht älter als ich, noch keine 30: Mohammed Hassan. Er kam aus dem Norden Pakistans, aus den Bergen. Und er kroch, auf Händen und Füßen, in den Bretterverschlag. Auf allen Vieren, wie ein Hund. Vielleicht hätte mich das noch nicht so aufgebracht. Aber dann dies: Seine Mitpatienten traten gleichmütig zur Seite, keiner regte sich auf. So, als sei das eine Selbstverständlichkeit. Etwas, wogegen sich aufzulehnen keinen Sinn hat: daß ein Mensch so auf Händen und Füßen durch Staub und Schmutz kriechen müsse. Und auch das hätte vielleicht noch nicht den letzten Anstoß gegeben, wenn Mohammed Hassan es selbst nicht so gleichmütig hingenommen hätte. In seiner Stimme lag nur dumpfe Resignation. So als könne es gar nicht anders ein.

Er hatte auch nur ein, ein einziges Leben zu leben! Ein Leben so wie ich!

Dieses Ja zur Entwürdigung hat mich fast betäubt. Daß diese Menschen dachten, ihr Zustand sei normal. Daß sie sich mit dieser Furchtbarkeit abgefunden hatten, die für mich das Äußerste an menschlicher Degradierung bedeutete. Wenn sie darunter gelitten hätten, hätte ich irgendwo noch einen Zugang gefunden. Wir im Nachkriegsdeutschland hatten wenigstens gesagt: Das kann nicht so weitergehen! Hier sagte keiner: Das kann nicht so weitergehen! Ich habe seltene, seltene Anfälle von Jähzorn, Momente, in denen ich nicht mehr Herr meiner selbst bin. „Das Böse anspringen", hat der heilige Thomas gesagt. Ich wußte plötzlich: Hier, hier mußte es geschehen. Wie? – Gleichgültig. Jetzt! „Berenice", sagte ich mit unterdrückter Erregung, „Berenice, das kann nicht so weitergehen – etwas – irgend etwas werden wir tun." Blitzartig liefen in diesen Minuten die Fäden meines Lebens zusammen. Es war, wie wenn man seine große Liebe trifft: ein und für allemal. Dies war nun entschieden und galt für immer. Und alles andere war nur das Ergebnis jenes Augenblickes im Bretterverschlag von McLeod Road.

Es gibt keinen Ort der Welt, wo das Elend so zusammengeballt ist wie in diesem Lepra-Viertel. Ich glaube, jeder – jeder, der dieses Elend gesehen hätte, mit einem medizinischen Staatsexamen so wie ich, jeder hätte das gleiche getan.

Man kann nicht einfach daneben stehen, wenn Menschen, die wie wir ein Recht auf Würde und Glück haben, wenn Menschen einfach in Dreck und Krankheit verkommen, wie ein Hund auf der Straße. Ich hatte keine andere Wahl. Ich mußte mich auf die Seite dieser getretenen und ausgestoßenen Menschen stellen. Vielleicht war es die Erfahrung mit den Juden im Dritten Reich, die in mir dieses leidenschaftliche und schmerzhafte Verlangen nach Gerechtigkeit geweckt hat. Nichts hätte mich davon abhalten können, ihnen zu helfen. Nicht das Mißtrauen der Patienten, nicht der Spott meiner Kollegen. Keine öffentlichen Angriffe, ich täte es aus unlauteren Motiven, ich wollte nur missionieren. Es war keine Entscheidung nötig, und gewiß noch viel weniger ein Tugendakt. Es gab keine andere Möglichkeit.

Hätte mir früher jemand gesagt, ich würde im Monat bis zu 2500 Patienten betreuen, ohne Krankenkasse im Rücken, ich hätte ihn ausgelacht. Zwölf Stunden täglich waren wir in den Behandlungsräumen und hatten doch das Gefühl, daß die Hälfte der Arbeit unerledigt blieb. Im Dezember 1962 hatten sich die monatlichen Konsultationen mit Hilfe medizinischer Hilfskräfte bereits auf 4500 erhöht.

Manche Arztkollegen fragten mich, wieso ich gerade die dreckigste und schwierigste Aufgabe in Karachi angenommen hatte. Ich war nie eine Frau für große Projekte. Ursprünglich dachte ich an „geistigere" Dinge als an diesen Kampf gegen die nackte Not, gegen Hunger, Schmutz, Ratten, Fliegen, gegen Opium, Schmuggel und Mädchenhandel. Irgendwie liegt aber in diesem offenen Angriff gegen die schreiendste Ungerechtigkeit auch etwas sehr Geistiges. Eine fast rauschhafte Freiheit, die sich in ihren klaren Momenten als völlig unabhängig von Erfolg oder Mißerfolg beschreiben läßt. Diese Freiheit liegt in der Entscheidung, daß man sich hinstellen kann und sagen: Ich sehe nicht mehr länger zu. Als mir das Elend wie eine Welle entgegenschlug – und die Welle wurde höher, als ich anfing, das erste Urdu zu verstehen und zu begreifen, was hier vorging –, da hatte ich gedacht: Es gibt nur zwei Möglichkeiten. Entweder du fährst heim auf dem kürzesten Wege. Oder du steigst aus dem Boot aus und versuchst, übers Wasser zu gehen und fängst einfach an. Ich kam mir reichlich verrückt vor damals. Heute weiß ich, daß es die einzig logische Antwort auf dieses Elend war.

Ich weiß, daß unsere Arbeit nicht mehr ist als ein Tropfen auf den heißen Stein. Aber in ein Menschenleben paßt vielleicht nicht mehr hinein als ein Tropfen. Und wenn jeder seinen Tropfen dazugibt, kann sich viel ändern.

Ich hatte es ja ursprünglich noch mit einer allgemeinen Praxis nebenher versucht. Dann sah ich an einem Tag 50 Patienten. Am Abend, als ich völlig erschöpft aus der Praxis kam, standen da weitere fünfzig. Die einen verfluchten, weil man sie nicht untersucht hatte. Ich untersuchte am nächsten Tag 100. Als ich herausging, standen da weitere 100. Am dritten Tag dachte ich: Es ist sinnlos, 150 Menschen den Eindruck zu vermitteln, man würde sie behandeln. Ich habe dann nicht gesagt: „Ich kann euch nicht behandeln", sondern: „Wir haben nur Leprabehandlungsmöglichkeiten." Mir selber sage ich: Als der Herrgott auf die Welt kam, ist er auch nur in Palästina gewesen. Das Unmögliche wird von keinem verlangt.

Die Jesuiten haben zwei Wahlsprüche, die mir immer sehr imponiert haben: „Wir tun, was wir können. Mehr können wir nicht tun." Der zweite: „Weitermachen ist Unsinn. Aber aufzuhören ist noch unsinniger. Also machen wir weiter." Meine Leprahelfer sagen: „Something is better than nothing. – Etwas ist immer noch mehr als gar nichts." Und das gibt es auch in einer poetischen Formulierung: „Es ist besser, eine Kerze zu entzünden, als die Dunkelheit zu verfluchen."

Ruth Pfau, Verrückter kann man gar nicht leben

*H*ilf mir, mein Leben wie einen flammenden Holzscheit in die versammelte Dunkelheit der Welt zu schleudern.

Albert Schweitzer

Fröhliche Kämpferin

Sie geht jetzt. Ihre Arbeit ist getan. Vielen konnte sie helfen, anderen nicht. Wenn sie aus dem Fenster schaut, sieht sie das Gemeindezentrum, das sie aufgebaut hat. Davor lungern die Drogenhändler.

Karoline Mayer, 54, Nonne: ein schmaler Körper, weißes Haar, Augen, die blau sind, aber nicht so blau wie der Himmel über Chile, heller, viel heller. In Chile lebt sie. Santiago, ein Viertel für Arme.

Kein Slum. Santiago ist nicht Rio. Feste Häuser, aber mickrig. Geflickte Kleider, Autos, die so eben noch fahren. Eines humpelt wie ein Hund mit drei Beinen. Arbeit? Eher nicht. Man steht und sitzt und guckt sich den Tag an.

Hola, madre Carola! Wenn Karoline Mayer durch die Straßen geht, lächeln alle. Weil sie hier ist, wird es den Kindern bessergehen. Als sie kam, gab es nichts. Jetzt gibt es ein Ausbildungszentrum für Handwerksberufe. Es gibt ein Projekt für Straßenkinder. Und es gibt sie selbst. Die Tür zu ihrem Haus steht immer offen.

Mit 21 ging Karoline Mayer, geboren in Eichstätt, ins Kloster. „Ich hatte innerlich sehr früh den Wunsch, die frohe Botschaft zu verkünden." Bald wurde sie nach Santiago geschickt, wo sie im Viertel der Reichen lebte. „Total unmöglich" fand sie das und zog um in einen der Slums, die es damals noch gab. Kein Wasser, keine Kanalisation. Ihre Hütte war wie die der anderen.

Es gibt eine Eitelkeit der Bescheidenen, der Guten. Karoline Mayer hat nichts davon. Fröhlich erzählt sie, hellblau blitzen ihre Augen. Sie braucht ja nichts. Reis mit Ei und Salat. Ist doch lecker. Manchmal gönnt sie sich einen Käse. Käse ist ihr Luxus. Sie muß kichern.

Als Salvador Allende Präsident wurde, hatte die Kirche ein Problem: ein Kommunist, o Gott. Nicht so Karoline Mayer: „Jesus war doch selbst ein halber Kommunist." Allende kam und legte einen

Arm um ihre Schultern. Die Nonne und der Kommunist, schrieben die Zeitungen.

Pinochet kam nicht, dafür seine Häscher, die die Nonne für eine Nacht ins Gefängnis warfen. Sie hatte einen Gegner der Militärdiktatur versteckt. „Ich teilte viele seiner Ansichten nicht, aber ich wußte, daß er ein Recht hat zu leben."

Jetzt gibt es die Drogenhändler. Mit ihnen kämpft Karoline Mayer um die Kinder. Ausbildung gegen Rausch. Sie gewinnt, und sie verliert. Immerhin haben die Kinder eine Wahl. Das ist noch nicht überall so in Santiago. Deshalb zieht die Nonne weiter, baut die nächste Gemeinde auf.

Dirk Kurbjuweit

*I*ch freue mich des Lebens um seiner selbst willen. Das Leben ist keine spärliche Flamme für mich. Es ist eine Art leuchtende Fackel, die ich für diesen Moment ergriffen habe, und ich will sie so hell wie möglich brennen lassen, bis ich sie an zukünftige Generationen weiterreiche.

George Bernard Shaw, Dedicatory Letter

*W*enn du zum Licht wirst und strahlst, gibt es keine Dunkelheit.
Wenn du dich selbst entflammst, wirst du strahlen und Licht verbreiten.
Die Aufgabe des menschlichen Wesens ist es, durch das endliche Ich das unendliche Licht auszustrahlen.

Indisch

Kaspar Hausers Geschwister

Die Kreuze sind verwittert, die Namen der Kinder verblaßt. Über die Gräber ist Unkraut gewachsen. Hart ist der Schnitt zur braunen Scholle rundum. Ein Pflug ist über die Hälfte der Kindergräber hinweggegangen. Trümmer der zerbrochenen Kreuze sind zu Scheiterhaufen gesammelt. Drei Hunde streunen umher. Mag sein, daß sie sich ein paar hochgekommene Knochen genommen haben.

Sind sie vergessen, die Toten, 137 Kinder, die im Horrorschloß von Cighid vernachlässigt wurden, bis ihr Geist leerlief und der Hunger, die Kälte und der Dreck ihre Körper holten? Jene Nacht der Zivilisation im hybriden Sonnenkönigtum Ceauzescus, ist sie verdrängt, untergepflügt, fünf Jahre nachdem die Revolution das einsame Schloß in der weiten Ebene am westlichen Rande Rumäniens erreichte und der Riegel aufging für eine elendige Schar von 109 überlebenden Kindern?

Ein eiserner Bogen mit der Aufschrift „Caminul Spital Cighid" (Heimkrankenhaus Cighid) erinnert an das Tor zum dunkelsten Ort der deutschen Vergangenheit. Klein-Auschwitz wurde das Schloß in der Umgebung genannt. Cighid war aber kein Auschwitz, weil das Tötungstabu formal respektiert wurde. Cighid wurde zum Inbegriff für Euthanasie durch die Verhältnisse und war doch bloß die erste erschlossene Insel im Archipel der rumänischen Kinder-Gulags für die „Irecuperabili", wörtlich: die Unwiederbringlichen.

Doch die furchtbarsten Assoziationen verfliegen: Quirliges Leben quillt aus dem Tor. Sie rennen, und wie sie rennen, sie jauchzen und tollen nach Kinderart den Weg voran, während andere von behutsamen Frauen Arm in Arm oder Hand in Hand geführt werden. Der Frühling macht sich bemerkbar, aber es ist noch kühl, und so hat ein jedes Kind eine Mütze auf: eine Kleinigkeit der Fürsorge und doch ein riesiger Sprung aus der Schreckenszeit, als diese Kinder in schmutzigen Lumpen vegetierten, wenn sie überhaupt angezogen waren.

Diese Kinder? Ja doch, es sind dieselben, die vor fünf Jahren in ihren Exkrementen dem Tod entgegendämmerten, jämmerliche Menschenbündel, die ihre Decke über den Kopf gezogen hatten als Zeichen dafür, daß sie abgeschlossen hatten mit aller Welt. Und auch die, die zu zweit im Gefängnis verrosteter Gitterbetten noch lebenswillig rackerten, aber mit ihren dürren, von Muskelschwund gezeichneten Beinchen nicht zu einem Schritt fähig waren.

Und schließlich die Größeren, die mit kalkweißen Gesichtern im Halbdunkel eines ungeheizten „Isolators" in einem monumentalen Bett aus zusammengeschobenen Gestellen nur auf Preßholz inmitten von Unrat, Kot und Kotze wie die Tiere hockten und grauenhafte Heultöne von sich gaben.

Aus den Alptraumbildern der Vergangenheit blitzen im Sonnenlicht bekannte Gesichter auf, und doch ist ihr Ausdruck nicht wiederzuerkennen, wenn sie lachend in ihren Kreisspielen durch den lieblichen Park ziehen. Aus den Gittern der Gefängnisbetten sind Umfriedungen für noch ruhende Blumenbeete geworden.

Ein Bus fährt vor, und es geschieht, was in aller Welt eine alltägliche Szene wäre, aber an diesem Ort wie ein Triumph über die düstere Vergangenheit wirkt: 15 Kinder und Teenager mit Ranzen auf dem Rücken springen nacheinander heraus und stürmen, plappernd über den Schulvormittag im Dorf, ihr Zuhause.

Das einstige Jagdschloß der ungarischen Grafen Tisza steht mit seinem festen Gemäuer unverändert da, nur der Putz ist in einem helleren Beige erneuert worden. Die alte Tür öffnet sich zu denselben Gängen, denselben Räumen und doch zu einer neuen Welt.

Daß die Wände, einst voller Risse, Stockflecken und klebriger Schmiere, renoviert und mit naiven Bildern bemalt sind, daß statt des schrundigen, von Schmutz starrenden Parketts glattes und blitzsauber gewischtes Linoleum liegt – das mögen nur Äußerlichkeiten sein.

Daß es aber nicht nur zwei desolate Klos wie früher, sondern ein Dutzend funktionierender Toiletten gibt, daß statt einer verrosteten Wanne mit defektem Wasseranschluß sechs weiße Wannen und drei Duschen da sind und aus all den verchromten Hähnen heißes Wasser fließt – dieser westliche Standard von Hygiene war eine überlebenswichtige Voraussetzung.

Der bestialische Geruch von Fäkalien und Fäulnis, Moder und Verwesung ist verschwunden: Durch die offenen Fenster treibt der Wind frische Luft herein, und trotzdem ist es kuschelig warm. Wo einst schrottreife Kanonenöfen so selten geheizt wurden, daß die Kinder reihenweise an Lungenentzündung starben und die Überlebenden an schmerzhaften Erfrierungen litten, wirkt segensreich eine Zentralheizung.

Als kürzlich bei minus 15 Grad der deutsche Brenner versagte, weil er dem verschmutzten rumänischen Öl nicht gewachsen war, ging ein Alarmruf nach Frankfurt zu Pfarrer Karl-Heinz Pelikan, 40. Der gebürtige Rumäne hatte vor fünf Jahren die Renovierung mit deutschen Spendengeldern koordiniert. Er versprach, mit einer Sammlung in seiner Gemeinde zu helfen. Jetzt ist er gerade da, um die ausgelegten 7000 Mark für ein weniger anfälliges Modell ungarischer Bauart persönlich vorbeizubringen.

Die Zivilisation bescherte der Kinderschar, die früher zum Hocken verdammt war, ein paar kleine Sofas mit abziehbaren Bezügen. Doch die neuen Möbel, die robusten Holzbetten und die schlichten Kiefernschränke für die Kleidung, die einst im Haufen am Boden lag, machten aus dem herrschaftlichen Gebäude kein Luxusheim. Nach deutschem Standard ist es viel zu klein für die 102 Zöglinge. Keiner hat einen privaten Bereich, nur sein Bett mit seinem eigenen Kuscheltier auf der Decke. Trotzdem ist das Kinderschloß für rumänische Verhältnisse, so schwärmt das Personal, „wie ein Traum“.

In diesem Mikrokosmos vollzieht sich ein in der Welt vielleicht einmaliges Experiment. Die grausame Geschichte entließ 1990 aus ihren Klauen eine ganze Hundertschaft von kleinen Kaspar Hausers. Wie dem jungen Mann, der 1828 verwirrt in Nürnberg auftauchte, wurden den Kindern elementare Voraussetzungen für ihre Entwicklung vorenthalten. Kaspar mußte von seinen Lehrern erst das Sprechen lernen, bis er mit einigen Schwierigkeiten mitteilen konnte, daß er seine prägenden Jahre in einem halbdunklen Verlies nur bei Wasser und Brot verbracht hatte.

Der naive Wilde, der Schritt um Schritt zivilisiert wurde (bis er fünf Jahre später aus mysteriösen Motiven ermordet wurde), lehrte die Gesellschaft durch sein kurzes Dasein, daß der Mensch durch den Menschen geschaffen wird: Ohne einen Transfer von Kultur sinkt er ab auf den Standard eines instinktgesteuerten Tieres.

Dieses Prinzip wurde durch die Kinder von Cighid in vielfältigen Varianten belegt. Solche Geschöpfe des sozialen Mangels kannte die moderne Wissenschaft des Westens nicht. Was war verschüttet, was war zu entwickeln? Niemand konnte voraussagen, was aus den Kindern unter normalen Bedingungen werden würde.

Sie waren zugleich behaftet mit einem kindlichen KZ-Syndrom: So heißt in Erinnerung an die deutschen Verbrechen das existentielle Trauma bei Kindern, die fundamental um die Sicherheit ihres Lebens betrogen wurden und tagtäglich fürchten mußten, daß auch sie umgebracht werden konnten. Ihrer Geschichte vermochten sie nie ganz zu entrinnen, wie später in Krakau und in Jerusalem erforscht wurde. Maßgebliche Erkenntnisse wurden zur Grundlage für die psychische Behandlung von Folteropfern.

Trotz aller Anstrengungen konnten die Auswirkungen des kindlichen KZ-Syndroms nur unzureichend erhellt werden. Denn als die Kinder aus den deutschen Vernichtungslagern befreit worden waren, zerstreuten sie sich in alle Welt. Erst nach Jahren wurde das eine oder das andere von Forschern aufgetan.

Die Kinder von Cighid blieben dagegen fast alle beieinander, und sie blieben an demselben Ort, wo einst der Schrecken regierte und dann abrupt die Humanität einzog.

Hinzu kommt der Glücksfall, daß sich für das abgelegene Schloß ein Arzt fand, der die Kinder minutiös beobachtete und von jedem unzählige Details seiner Entwicklungsgeschichte kennt. Als auf Cighid im Frühjahr 1990 ein Schlaglicht erst der deutschen und dann der internationalen Berichterstattung fiel, als auch im rumänischen Fernsehen Szenen aus dem Horrorschloß liefen, als es einen Schandfleck der Nationalehre zu tilgen galt und dazu noch Heere von deutschen Helfern zu dirigieren, da übernahm der renommierte Kinderarzt Pavel Oarcea mehr gedrängt als angezogen die Heimleitung: für sechs Monate.

Nach zwei Monaten brach sein Magengeschwür durch, aber die Not der Kinder hielt ihn vorerst für ein weiteres halbes Jahr. Daraus sind nun fünf Jahre geworden, und wenn ihn die unergründliche Bürokratie an dem Ort beläßt, will Oarcea, inzwischen 47, dableiben, denn die Kinder haben sich in der Welt seiner Gefühle breitgemacht: „Ich habe hier viele Glücksmomente und moralische Befriedigung, vielleicht bin ich auch ein besserer Mensch geworden."

Als Gegengewicht zu den Kinderbelangen vertieft er sich in Europas Geschichte. In den Biographien von Napoleon, de Gaulle und Stalin kennt er sich aus. Weil er sich für die Parallelen bei Ceauzescu und Hitler interessiert, liegt „Mein Kampf", gerade ins Rumänische übersetzt, auf seinem Nachttisch. Auch verwirrte ihn, daß er die Deutschen einst für Monster hielt und dann ganz andere Menschen kennenlernte. Nun will er ergründen, wer Hitler wirklich war. Er wird lesen.

Trotz oder gerade wegen seiner Kenntnisse über Herrschernaturen führt Oarcea das Heim auf die sanfte Art. Doch seine Kontrolle reicht bis zu den Kleinigkeiten. Da das Personal das weiß, hält es sich an seine Leitlinien. In der schweren Zeit unter Ceauzescu klammerte sich Oarcea an die Ethik des Hippokrates, und daraus ergaben sich seine Prinzipien für das neue Cighid.

Das neue Personal wählte er in langen Gesprächen nach seiner „Zuwendungsfähigkeit" aus. 105 Menschen beschäftigt inzwischen der Schloßbetrieb, darunter 40 Pflegerinnen, 10 Erzieherinnen und eine Lehrerin.

Da es in Rumänien keine Ausbildung für die Betreuung von geistig behinderten Kindern gab, schulten in einem Rotationsverfahren jeweils zwei deutsche Fachkräfte über einen Zeitraum von drei Jahren das Personal. Sie kamen aus der Evangelischen Stiftung Alsterdorf, die mitten in Hamburg ein Dorf mit Kirche für 1200 geistig behinderte Menschen aller Altersstufen unterhält.

Der Alsterdorfer Psychologe Michael Wunder, 42, der über Euthanasie im Dritten Reich promovierte, machte das Personal mit dem KZ-Syndrom vertraut und packte es „bei der Berufsehre", damit es vor Frustrationen nicht zurückschreckte: „Bei den traumatisierten Kindern ist es sehr mühsam, ihr beschädigtes Urvertrauen aufzubauen und zu ihnen durchzudringen."

Obwohl Wunders Mission als Koordinator des Alsterdorfer Einsatzes offiziell beendet ist, kommt er alle paar Monate nach Cighid, „einfach nur, um mich am Fortschritt der Kinder zu freuen".

Von Anfang an verguckte er sich in das alt wirkende Kindergesicht von Tiberius, und bei jedem Wiedersehen staunte er: „Tibi ist wieder ein bißchen jünger geworden."

Tiberius stammt aus einer Zigeunerfamilie. Seine Mutter ist schwachsinnig, sein Vater Alkoholiker. Von seinen 13 Geschwistern sind einige geistig behindert, aber andere durchschnittlich begabt, wie Oarcea bei seinen Erkundungen über die Herkunft seiner Schützlinge herausfand. Dabei stieß er auch auf ein Familienverbrechen: Im Suff hatte der Vater mit einem Baby, das im Bündel am Boden lag, Fußball gespielt und es auf den offenen Ofen geschossen. Da verglühte es.

Tiberius sollte es besser haben. Im Brutkasten wurde das Frühchen von 1600 Gramm warm gehalten, dann aber im Waisenhaus der Kreisstadt Oradea nur körperlich gepflegt. Mit vier Monaten wies Tiberius eine „mittelmäßige", mit drei Jahren eine „starke Retardierung" auf: Er wurde ausgesondert für die Hölle von Cighid. Da saß er vor fünf Jahren nackt und kotbeschmiert mit dem Kopf unter einer braunen Decke. Als sie ihm zur Fütterung weggezogen wurde, schob er mit einer Handbewegung vom Format einer Kindermajestät immer wieder den Löffel weg. Er hatte sich zum Sterben entschlossen.

Bei schwerem KZ-Syndrom erlischt in Kindern noch vor dem Tod der animalische Lebenstrieb. Daß Tiberius gerettet wurde, muß er nach den Forschungsergebnissen erst einmal als Brechung seines letzten Willens empfunden haben.

Damals war er so groß wie ein Kleinkind und doch schon sieben Jahre alt. Jetzt mit zwölf Jahren ist er körperlich wie ein schmächtiger Siebenjähriger entwickelt. Er spricht kein Wort, aber er hat angefangen Silben von sich zu geben: Er lautiert, so heißt der Fachausdruck.

Manches geistig behinderte Kind konnte, wie Erfahrungen in Deutschland zeigen, trotz aller Bemühungen über dieses Stadium nicht hinauskommen, aber doch als Erwachsener, der nicht sprechen kann, mit anderen Fähigkeiten in eine sozial beschützte Welt integriert werden. Oarcea: „Tiberius wird etwas leisten. Wir sind es, die aufhören müssen zu fragen, ob das wenig oder viel sein wird."

Was er nicht schon alles gelernt hat: Den Pulli kann er sich überziehen, sein Gesicht cremt er sich selber ein, und mit zarter Hand cremt er auch die kleine Gefährtin ein, die das noch nicht kann. Er haut nur so rein in sein Essen und bringt mit seinem Löffel die schwierigen Spaghetti wohlbehalten in den Mund. Er kann, wenn man ihn anlacht, mit einem Lachen antworten, und wenn man „Tibi" ruft, kommt er mit einem Jauchzen angelaufen. Zwar fällt er nicht, aber er eiert hin und her – die Folge eines Behandlungsfehlers.

Nach der Befreiung der Kinder aus dem Gefängnis ihrer Gitterbetten rauschte eine Begeisterung des Laufenlernens durch die Reihen der Kleineren. Jedes Kind wollte jedes andere übertrumpfen und schneller auf den Beinen sein. Tiberius, der nur sitzen, aber nicht kriechen und noch nicht einmal knien konnte, übersprang alle Stadien und überforderte seine sieben lange Jahre unbenutzten Hüftgelenke. Man hätte ihn bremsen müssen und nur kriechen lassen dürfen – aber von diesen Finessen wußten seine Betreuerinnen noch nichts im Wirbel der Neuerungen.

Für Sándor, 13, kam die Revolution in Cighid zu spät. Wie Tiberius hatte er sich schon die Decke über den Kopf gezogen. Huuuhuuu, ein gutturales Heulen wie der Ausdruck allen Unglücks dieser Erde, drang hervor. Am Tag, als das Foto von dem embryonal verkrampften Jungen mit den erwachsenen, hellwachen Augen millionenfach in Deutschland erschien, lag Sándor tot in seinem Bett.

Karoly, 3, der mit Fusselhaaren im Gesicht wie ein Trollkind wirkte, wurde von deutschen Helfern in ein Krankenhaus gebracht und an den Tropf gelegt, aber er packte mit seinen dürren Ärmchen das Leben nicht mehr.

Nach ihnen gab es in Cighid keine Todesopfer mehr. Die Hilfe war im letzten Moment gekommen. „Etwas später wäre für viele zu spät gewesen“, sagte Oarcea. „20 bis 30 wären innerhalb der nächsten Monate gestorben.“

Kinder, die dem Leben schon beinahe verlorengegangen und zu keiner emotionalen Reaktion fähig waren, stiegen auf zu den Sternchen von Cighid. Sie waren noch klein, als sie ihrem Elend entrissen wurden, und deshalb hatten sie die größeren Chancen. „Unwiederbringliche“ entwickelten sich zu Schulkindern und widerlegten die Kriterien, nach denen sie einstmals als geistig behindert ausgesondert worden waren.

Josif ist nach der Schule im ehemaligen Isolator zu finden. Wo an der frischgestrichenen Flügeltür früher der ellenlange Riegel saß, hat sich die Spachtelmasse ein wenig in die Schraublöcher zurückgezogen: sonst keine Spur von dem Schrecken, als im Halbdunkel dieses Raumes 17 Kinder auf dem Standard von Schweinen gehalten wurden, am Hintern Geschwüre vom Sitzen in Unrat, offene Wunden auf kurzrasierten Schädeln.

Wer nicht wahnsinnig war, mußte es werden in diesem furchtbaren Raum; und jetzt sitzt da Josif, gebeugt über ein Buch, und übt mit einer Erzieherin das Lesen. Unter der Decke schwebt ein Zweig behängt mit Watteflöckchen, von der strahlend hellen Lampe baumeln Papiersterne. Die zehn Betten sind ordentlich gemacht.

Von den einstigen Gefangenen des Isolators entkamen einige dem Wahn. Wo es kein Sprachmuster gegeben hatte, aber ein elementares Gesetz der Gewalt, da erschlug er mit bloßer Hand eine Ratte, bevor sie ihn biß: Das kann Dan Dan, ein Findelkind von vermutlich 14 Jahren, mittlerweile klar erzählen. Auch Laszlo, inzwischen 18, war ein Kaspar Hauser, als er aus dem Isolator befreit wurde. Mit ungelenker Zunge brachte er schließlich Sätze in abgehacktem Ton, aber richtigem Aufbau hervor.

Cálin, inzwischen 11, war in der Gewalthierarchie ein unterdrückter Mini. Er konnte nicht lachen, er konnte sich aber mit ein paar Wortbrocken verständigen, die im Isolator nichts wert gewesen waren: In der neuen Freiheit fiel er alsbald durch Cleverneß auf. Nichts sprach dagegen, daß die einstigen Insassen des Isolators nun die Buchstaben lernen konnten. Auch fünf größere Mädchen wollten, angestachelt von den Kleinen, unbedingt zur Schule.

In Rumänien gab es keine Sonderschullehrer, aber es fand sich ein Mann mit dem Nachnamen Weihnachten: Der Ingenieur Tudoreil Craciun, 28, eigentlich spezialisiert auf Fischfang, war gewillt, sich mit deutscher Hilfe in dem neuen Fachgebiet weiterzubilden.

Seine Kaspar-Hauser-Sonderschul-Klasse ist nach logischen Spielen in die abstrakte Welt der Zeichen vorgedrungen. „Daß sie als behindert eingestuft wurden, war fast kriminell", sagt Craciun. „So haben sie wichtige Jahre verpaßt."

Jeder der acht Schüler kann die Buchstaben sagen, auf die der Lehrer zeigt. Er verbessert ihre Aussprache, und mit ihren ungeübten Zungen sprechen sie ihm angestrengt nach. Im nächsten Schuljahr werden sie mehr sein, in Cighid erwacht gerade in manch anderem Kind der Verstand.

Dagegen ist Florin, 20, innerlich im Isolator geblieben. Vollkommen weggetreten aus dieser Welt, sieht er vor sich hin. Aber der Jüngling, der aus dem Dunkel vernagelter Fenster kam, öffnete sich dem Licht. Er ist meist am Fenster zu finden.

Vandana, 15, die das verlorene Kind in der Gewalthierarchie des Isolators war und verstört in einer Ecke auf dem glitschigen Betonboden oder gar unterm Bett kauerte, blieb zurückgezogen in ihrem Autismus. Aber sie scheint alles zu verstehen. Gerade machte sie den riesigen Fortschritt, für einen winzigen Moment einem fremden Blick standzuhalten und ein scheues Lächeln zu wagen.

Angela wurde einstmals hinter einem Drahtgitter in einer lichtlosen Abseite gehalten. Das aggressive Mädchen, das damals mit seinen Exkrementen warf, entwickelte sich zu einer naiven Spaßmacherin.

Daniel, 20, verdankt den Neuerungen, daß er sich frei bewegen kann bis hin in das Dorf Nucet mit 1567 Einwohnern. Daher hat er es, so meint er, besser als früher. Wenn er aus dem Schloß davongelaufen war zu dem einsamen Bahnwärterhäuschen von Cighid, um Musik aus einem Radio zu hören und auf dem Bahnsteig zu tanzen, mit der Grazie eines Naturtalents, wurde er nach der Rückkehr bestraft: „Sie drohten, mich mit Haloperidol vollzupumpen, und manchmal machten sie das auch.“ Er kennt sich aus mit dem sedierenden Neuroleptikum und zählt auch eine ganze Reihe anderer Marken auf.

Er rappelt Vornamen, Nachnamen von vielen Kindern und Bediensteten herunter, er erinnert sich an unzählige Details von Cighid. Er erkennt die deutschen Journalisten wieder: „Nachdem ihr da wart, änderte sich vieles.“ Was die deutschen Helfer nicht alles mitbrachten – aber die Schokolade, die hätten ihm Pflegerinnen gleich wieder aus der Hand gerissen.

Seine Intelligenz blieb ungeformt, aber sie muß schon immer dagewesen sein. Trotzdem war er nach Cighid gekommen: Er konnte schlecht sehen. Durch eine fortschreitende Degeneration seiner Sehnerven wird Daniel bald erblinden.

Gegen den Verlust sensibilisierte er sein Gehör und erschloß sich ohne Hilfe den Reichtum der Musik. Er kann mit Topfdeckeln phantastische Rhythmen erzeugen. Bevor ihm seine Mundharmonika kaputtgemacht wurde, bezauberte er seine Umwelt durch schmelzende Melodien. Jetzt zieht er mit einer primitiven Flöte durch die Gegend und spielt sein Lied von Freud und Tod.

Mit seinem fotografischen Gedächtnis speicherte er die Schrekken von Cighid: „Das sterbende Kind, dem die Barbu nicht half; erst als es tot war, pumpte sie ihm Formalin in den Bauch, damit es nicht verfiel. Es hatte nämlich Eltern." Vor seinen inneren Augen ist sie immer da, die riesengroße Ratte: „Sie biß einem Kind das Auge aus, und am anderen Morgen war es tot." Diese Bilder werden bleiben, wenn ihn längst die Nacht eingeschlossen haben wird.

Warum, so hadert der Doktor von Cighid mit sich selbst, warum hatte er nicht entschlossener für die Rückkehr von Daniel und den anderen gekämpft: „Das war ein Fehler."

Trotz seiner Irrtümer brachte er ein titanisches Werk auf den Weg. Daß seine Kinder, wenn sie Erwachsene werden, das Schloß als ihr Zuhause behalten können und nicht wie Daniel und die anderen abgeschoben werden, dafür will er sich einsetzen. Die Toten von Cighid – dem Doktor wurden sie zur Herausforderung, die Überlebenden zu beschützen.

Ariane Barth

Richter Erics Kinder

Eric, der Leidende: „So, so, du bist also wieder da?" Der Junge vor dem Richtertisch, barfuß und in einem verdreckten, zerrissenen Hemd, ist ein alter Bekannter. Schon dreimal hat Eric ihn per richterlicher Anordnung zurück aufs Land zu seiner Familie schaffen lassen, doch jedesmal ist er wieder zurückgekommen in die Straßen der Stadt – als Herumtreiber und Bettler. Nun also soll das Spiel erneut von vorne losgehen, und wer weiß, vielleicht ist das ja einer der Augenblicke, von denen Eric sagt, da fühle er sich wie in einem Teufelskreis: „Du kommst dir vor, als hättest du nichts anderes getan, als Zeit zu verschwenden."

Eric, der Einfühlsame: Das verschüchterte, weinende Mädchen ist vor dem mächtigen Richtertisch zu einem Häufchen Elend geschrumpft, aber Eric winkt die Kleine zu sich heran, legt liebevoll den Arm um sie und verwandelt die Befragung in eine vertrauliche Unterhaltung. So gelingt es ihm tatsächlich, das Mädchen zum Sprechen zu bringen, und als sie alles erzählt hat, seufzt er und sagt: „Wieder mal die alte Geschichte." Minderjähriges Mädchen aus Siaya am Victoria-See landet in Nairobi, wird von einer Familie für einen Hungerlohn als Kindermädchen eingestellt, wird irgendwann weggejagt, weiß nicht, wie es nach Hause kommen soll, streunt hilflos durch die Straßen und wird aufgegriffen. Es ist bereits der dritte Fall dieser Art an diesem Tag, und wenn Eric nur ein bißchen hartgesottener wäre, dann würde er solche Tragödien routiniert abhandeln. Doch Eric fühlt und leidet mit, und er sagt, das sei das Anstrengendste an seinem Beruf als Jugendrichter. Abends nach einem Verhandlungstag fühle er sich oft völlig „ausgelaugt und erschöpft".

Eric, der Strenge: Ja, er kann auch anders, wenn es sein muß, und offenbar ist er jetzt gerade zu dem Schluß gekommen, daß in diesem Fall Milde nicht angebracht ist. Der Fall ist ein 14jähriger Bursche, ein schwerer Trinker, der sich mit Gelegenheitsjobs bei den illegalen Schnapsbrennern durchschlägt und von dem der Bewährungsbeamte sagt, er sei in seine Familie nicht mehr integrierbar. Er habe die Mutter wiederholt geschlagen. Eric überlegt nicht lange, sondern ordnet die Unterbringung des Jungen in einer „approved school" an. So nennt man in Kenia staatliche Besserungsanstalten, wo sich in der Regel jedoch niemand bessert. Eric weiß das. Er weiß, daß diese Verwahrungshäuser überfüllt und zur Resozialisierung nicht geeignet sind. Aber seine Möglichkeiten sind begrenzt. Der Junge quittiert den Beschluß des Gerichts mit lautem Schluchzen, „Approved school" gilt als echte Strafe.

Langsam leert sich der Gerichtssaal. Er war heute so voll, daß die Kinder und Jugendlichen nicht nur dichtgedrängt auf den Bänken, sondern auch auf dem Boden saßen. Wieder mal hatte es stundenlange Verzögerungen gegeben, weil es an Fahrzeugen fehlte, um die Untersuchungshäftlinge aus der Jugendarrestanstalt ins Gericht zu schaffen – und als dann der Polizei-Landrover schließlich doch noch kam, da krochen aus dem Fahrzeug, in dem acht bis zehn Personen Platz haben, 27 Kinder heraus. Erst nach dem Mittag begann die für den Morgen angesetzte Verhandlung, und auch diesmal hatte die Würde des Gerichts ein bißchen unter dem durchdringenden Geruch nach verdreckten Klamotten, Urin und Schweiß zu leiden, den die Ansammlung abgerissener, zerlumpter junger kenianischer Staatsbürger wie gewohnt verströmte. Dennoch will Eric, der Richter, auf keinen Fall versetzt werden, denn er fühlt sich diesen Elenden verpflichtet. Das heißt, genaugenommen ist es sogar noch schlimmer. Er sagt: „Mein Herz hängt an diesem Gericht." Das trifft sich insofern gut, als die Justizbehörden sonst vielleicht Schwierigkeiten hätten, diesen Posten zu besetzen, denn von den Richterkollegen drängt sich keiner nach einer Kundschaft, deren Hände viel zu dreckig sind, als daß sich damit eine andere waschen ließe. So gesehen hat er einen sicheren Arbeitsplatz, dieser

Eric, der eigentlich Eric Oluoch Ogwang heißt. Alle nennen ihn jedoch nur Eric – die Delinquenten eingeschlossen. Wenn man sich auf die Spur dieser Ausgestoßenen begibt, wenn man Hinterhöfe durchquert, über Müllhaufen klettert, wenn man stinkenden Abwässern folgt und eintaucht in die Halbwelt hinter den Fassaden, in das Schattenreich, wo sie in schäbigen Hütten aus Lumpen und Plastik zu Hause sind, dann kann es passieren, daß man mit einem dieser Burschen ins Gespräch kommt und der dann auf einmal sagt: „Der Eric ist in Ordnung, der hat mich nicht eingesperrt, sondern laufenlassen." Genausogut freilich kann es sein, daß auch mal heftig über Eric geflucht wird – zum Beispiel dann, wenn man von ihm gerade ein Dutzend Stockschläge verordnet bekommen hat.

Man stößt auf die *kids* freilich nicht nur in den Hinterhöfen, sondern auch mitten in der Stadt – und zwar öfter, als es einem lieb ist. Jeder Autofahrer kann ein Lied davon singen: Kaum steht man irgendwo an einer Ampel oder im Stau, schon taucht so eine kleine, zerlumpte, barfüßige Gestalt neben dem Fahrzeug auf und streckt einem ein flehentliches Gesicht und eine geöffnete Hand entgegen. Das sind unangenehme Bedingungen, die rat- und hilflos machen – zumal in dieser geballten Menge. Die *street kids* sind überall; sie betteln, sie lauern auf Gelegenheiten, und wenn man eines von ihnen plötzlich wie einen Pfeil über die Straße flitzen sieht, ein graues Etwas, das um sein Leben rennt, dann kann man sicher sein, daß hinter ihm entweder ein Polizist oder eine aufgelöste Frau zurückbleibt, die es nicht fassen kann, daß die Handtasche oder das Portemonnaie weg ist.

Gewiß, diebische Kleine, bettelnde Kinder hat es in Nairobi immer gegeben – aber noch nie waren sie so zahlreich. An die zweitausend, wird geschätzt, sind es allein im Zentrum und mindestens zehntausend im gesamten Stadtgebiet, und daß die Zahl zunimmt, bestätigt auch Eric. Er kann die Tendenz an der Überfüllung seines Gerichtssaales ablesen. Was sich da spiegelt, ist die wachsende

Verarmung breiter Bevölkerungsschichten. Kenia macht zur Zeit eine schwere Wirtschaftskrise durch. Korruption, Mißmanagement, der Verlust der langjährigen Vorzugsbehandlung durch die westlichen Geber und der Zwang zu einschneidenden marktwirtschaftlichen Reformen – das alles hat für Millionen die Lebensbedingungen drastisch verschlechtert, hat die Arbeitslosigkeit steigen und die Kaufkraft sinken lassen. Die Freigabe staatlich kontrollierter Preise etwa hat eine Teuerungswelle ausgelöst und dazu geführt, daß für viele selbst der Kauf alltäglicher Verbrauchsgüter wie Maismehl und Zucker, Seife und Milch zum Problem geworden ist.

Unter dem wirtschaftlichen Druck beginnt das soziale Gewebe der Gesellschaft aufzuplatzen, brechen Familien auseinander – und werden Kinder zur unerträglichen Belastung. Manche werden einfach von zu Hause fortgejagt, andere zum Betteln losgeschickt, und wieder andere hauen aus eigenem Antrieb ab, weil es nicht auszuhalten ist in den Trümmerfeldern zerstörter Familien, in denen statt Fürsorge Prostitution, Trunkenheit, Gewalt und sexueller Mißbrauch an der Tagesordnung sind. Eric beobachtet, daß eine wachsende Zahl von Straßenkindern aus ländlichen Gegenden kommt – für ihn ein Zeichen, daß die Eltern die Schulgebühren nicht mehr aufbringen, ihre Erziehung also nicht mehr gewährleisten können. Verglichen mit Verhältnissen in Südamerika, mag das alles noch harmlos sein, doch bestätigt dieser Trend in einem relativ gut entwickelten afrikanischen Staat wie Kenia die düsteren Perspektiven für Afrikas Kinder insgesamt.

Nirgendwo in der Welt ist die Einschulungsrate für Grundschulkinder so niedrig, nirgendwo die Lebenserwartung so gering, nirgendwo die Sterbequote für Kinder unter fünf Jahren so hoch wie in Afrika. 1990 sollen laut UNICEF, dem Kinderhilfswerk der Vereinten Nationen, 4,6 Millionen afrikanische Kinder gestorben sein – und zwar meist an leicht vermeidbaren Krankheiten. 34 Millionen junge Afrikaner gelten als schwer unterernährt, und die Zahl der

Schwangerschaften bei Jugendlichen ist so hoch wie in keinem anderen Teil der Welt: Fast jedes fünfte Mädchen im Alter zwischen 15 und 19 Jahren wird schwanger. Eine Million afrikanische Babies sind HIV-positiv auf die Welt gekommen, und in den kommenden zehn Jahren, so schätzt man, werden zwei Millionen afrikanische Kinder an Aids sterben – und zehn Millionen ihre Eltern wegen Aids verlieren.

Vieles davon sind stille, kaum sichtbare, erst in Statistiken dramatisch wirkende Tragödien – doch die wachsende Zahl der Straßenkinder ist ein augenfälliges Phänomen. Ob in einem einst als wirtschaftliches Musterland geltenden Staat wie der Elfenbeinküste oder bei einem Habenichts wie dem Tschad, ob in Addis Abeba, der Hauptstadt des bitterarmen, langjährigen Bürgerkriegslands Äthiopien, oder in den städtischen Zentren Sambias – überall haben wirtschaftliche Not und soziale Verelendung das menschliche Strandgut in die Straßen gespült. In Nairobi, dem kenianischen Gernegroß, bildet es einen schroffen Kontrast zu der aufgeputzten Stadtkulisse mit den glitzernden Fensterfronten, in denen die Straßenkinder in ihren lumpigen, verschmierten Fetzen zwar wie Zerrbilder wirken – in Wahrheit jedoch ein ziemlich genaues Spiegelbild der aus den Fugen geratenen kenianischen Gesellschaft darstellen.

Gemeinsam ist ihnen allen das kaputte Elternhaus, die abgebrochene (wenn überhaupt je angefangene) Schulbildung und – gleichsam als Erkennungszeichen – die kleine Flasche oder Dose mit Schusterleim, jener methylhaltigen Paste, an der sie schnüffeln, weil das einen aufputschenden Effekt hat und gleichzeitig die Magennerven betäubt. Meist fangen sie als Bettler und Lumpensammler an, und als Fortgeschrittene stehlen und rauben sie auch. Die Mädchen beginnen unter der Anleitung von älteren Jungen schon im Alter von sieben oder acht Jahren mit der Prostitution. Sie haben alle einen starken Überlebenswillen, sind findig und kreativ, leiden aber unter Infektionen und Unterernährung. Sie organisieren sich in Gruppen, in denen es ein starkes Gefühl für Solidarität und auch eine Art sozialen Zusammenhalts gibt. Wenn sich schon sonst niemand um sie kümmert, sagt Eric, „dann kümmern sie sich doch wenigstens um sich selber".

Die Straßen des Stadtzentrums, wo sie sich herumtreiben, sind zwar gefährlich, weil sie dort jederzeit aufgegriffen werden können – aber die Verlockungen sind groß. Da sind die (leichter zu rührenden) Touristen, da sind die vielen Möglichkeiten, sich im Menschengewühl mal schnell etwas zu greifen, und da sind, in den Staus, die Autoinsassen, die man anbetteln kann. „Diese Kinder", sagt eine in Nairobi arbeitende deutsche Sozialhelferin, „sind süchtig nach der Straße." Ohnehin, meint Eric, hätten sie ja keine Alternative, denn „die Straße ist der einzige Freiraum, der ihnen zur Verfügung steht, wenn sie überleben wollen". Eric ist ein Mann mit viel Verständnis und Einsicht in die Ursachen des Problems. Für ihn sind die kleinen Straftäter unter seinem Richtertisch weniger Täter als vielmehr Opfer – Opfer von Desinteresse und Grausamkeit.

Opfer brauchen Hilfe, doch der Richter Eric Oluoch Ogwang hat außer Menschlichkeit und Verständnis wenig zu bieten. Er ist nämlich genaugenommen selber ein Opfer – und zwar eines Systems, das ihn, wie es der Rechtsanwalt und Oppositionspolitiker Paul Muite formuliert, mit einem „unmöglichen Job" betraut hat. Nicht nur, daß sich der Staat für die Verwahrlosung von Teilen der jungen Generation nicht interessiert, er läßt auch das Jugendgericht mit der Aufgabe allein, diese Kinder für die Gesellschaft zurückzugewinnen. Das, sagt Eric, sei das eigentliche Ziel seiner Arbeit – aber er kann es nicht erreichen, weil die Mittel, die zur Verfügung stehen, völlig unzureichend sind. Die „approved schools", von denen es im ganzen Land lediglich neun für Jungen und nur eine einzige für Mädchen gibt, sind überfüllt und schlecht ausgestattet. Im Jugendamt, das eine wichtige Rolle spielen könnte, fehlt es an Personal, Geld, Fahrzeugen – und wohl auch an

Motivation. Man muß nur mal eine der Damen erleben, wie sie im adretten Kostüm in den Gerichtssaal hineingestöckelt kommt, um sich vorstellen zu können, wie engagiert sie wahrscheinlich unwegsame Slums nach den Eltern von Straßenkindern absuchen würde. Ohnehin gibt es für zwei der größten Armenviertel von Nairobi, Mathare Valley und Kibera, nur je einen Beamten des Jugendamts. Resozialisierung läßt sich so nicht leisten, und die Jugendarrestanstalt für Untersuchungshäftlinge, wo manche mehrere Monate verbringen, dürfte ganz im Gegenteil sogar noch zur Verhärtung beitragen.

Der „Nairobi Juvenile Remand“, wie er offiziell heißt, besteht aus einem alten Gebäude aus der Kolonialzeit und ist ursprünglich mal für achtzig Insassen ausgelegt gewesen. Zur Zeit beherbergt er jedoch knapp 300 Kinder und Jugendliche, die also in drangvoller Enge leben. Die hygienischen Bedingungen sind – weil es an der Wasserzufuhr hapert – bedenklich, und zu essen gibt es gerade nur so viel, daß die Kinder halbwegs über die Runden kommen. Für anständige Ernährung fehlt angeblich das Geld. Weil es keinerlei Aktivitäten gibt, leben die Kinder abgestumpft in dumpfer Langeweile. Der Direktor sagt, daß man – um der Überfüllung abzuhelfen – demnächst 80 Kinder repatrieren, also zurück aufs Land zu ihren Eltern schaffen wolle. Aber er macht sich keine Illusionen: „Die sind sofort wieder in Nairobi – meist mit dem ersten Bus.“

Eric kennt das Dilemma. Auch er entscheidet sich, mangels Alternative und trotz beträchtlicher Zweifel, häufig dafür, das Kind den Eltern zurückzugeben – nur um es dann nach ein paar Wochen wieder im Gerichtssaal zu treffen. Wie könnte die Zusammenführung denn auch gelingen, wo es doch meist gerade die unerträglichen Familienverhältnisse sind, die das Kind dazu gebracht haben, abzuhauen? Eric sagt, jeden Tag seien im Gerichtssaal Kinder, die er bereits kenne – und bei denen er sich vermutlich insgeheim fragt, wie oft er sie noch wiedersehen wird. Was fehlt, um mit einer Aussicht auf Erfolg die Rehabilitierung von Straßenkindern zu betreiben, sind Auffangzentren, Wohnheime, Lehrwerkstätten, kurzum: Besserungsanstalten, wo tatsächlich gebessert wird. Der Staat, wie gesagt, tut kaum etwas; bleiben also nur die Kirchen und die humanitären Organisationen. Die tun viel – und trotzdem nicht genug.

Aber sie verkörpern die einzige Hoffnung, daß das Problem der Straßenkinder keine südamerikanischen Dimensionen bekommt. Es sind viele Freiwillige, die sich da engagieren, und einer von ihnen ist ein gewisser Eric Oluoch Ogwang, Jugendrichter von Beruf. Wenn der Staat ihm schon nicht die Instrumente an die Hand gibt, um seine Arbeit wirklich gut zu machen, scheint er sich gedacht zu haben, dann muß er sie sich eben selber besorgen. So ist Eric einer relativ neuen Organisation namens „Tunza Dada Society“ beigetreten, einer Vereinigung, die sich als einzige auf die Rettung und Rehabilitierung der Straßenmädchen spezialisiert hat. Nach mühsamem Beginn ist es nun gerade gelungen, ein Haus zu erwerben – ein Haus, in dem 50 Mädchen untergebracht werden können, und so wie es aussieht, wird es vor allem Eric sein, der sie dorthin einweisen wird, und zwar endlich mal aus Überzeugung und mit gutem Gewissen.

Schwer zu sagen, warum Eric sich so engagiert. Genaugenommen hätte er mit sich selber, mit seinen eigenen Problemen, genug zu tun. Eric ist ein Schwerbehinderter. Er hat Kinderlähmung gehabt und kann sich mit zwei Krücken nur sehr mühsam vorwärtsbewegen. Weil er sein ganzes Körpergewicht bei jeder Bewegung auf die Arme und Hände stützen muß, hat er zusätzlich noch Arthritis bekommen. Wenn ihn nicht sein Bruder oder die Polizei zum Gericht fährt, muß er sich in eines der berüchtigten kenianischen Sammeltaxis zwängen – was eine Tortur für ihn ist. Er sieht dann jedesmal völlig aufgelöst aus, wenn er im Gericht ankommt. Eric träumt von einem Fahrzeug für Behinderte, doch dazu bräuchte er Unterstützung. So ist das in einem Land wie Kenia: die

Bedürfnisse sind grenzenlos. Einer hilft – und braucht doch selber Hilfe. Aber Eric legt keinen Wert auf Mitleid. Er hat seine Aufgabe, sein Engagement, seinen Stolz – und sei es auch nur darauf, daß ihn die Straßenkinder von Nairobi nicht als Feind betrachten. Man grüßt sich, wenn man sich auf der Straße begegnet. Eric sagt: „Kinder wissen es zu schätzen, wenn du nicht böse bist."

Stefan Klein

Ich bin nur jemand; aber ich bin jemand.
Ich kann nicht alles tun, aber ich kann etwas tun.
Ich will nicht das Etwas, das ich tun kann, ablehnen.

Helen Keller

Liebe läßt sich nur bewahren, indem man sie verschenkt: Ein Glück, das wir für uns allein suchen, ist nirgends zu finden, denn ein Glück, das sich verringert, wenn wir es mit anderen teilen, ist nicht groß genug, um uns glücklich zu machen.

Thomas Merton

Wir müssen das Licht zur Geltung bringen, nicht die Dunkelheit bekämpfen.

Aharaon David Gordon

Klasse Kameraden

Öschingen liegt abseits von Reutlingen und Tübingen, aber träge ist man hier am Tor zur Schwäbischen Alb beileibe nicht. Grundschüler des Dorfes haben mit einer tollen Aktion gezeigt, wie aus Betroffenheit über ein menschliches Schicksal praktische Hilfe werden kann: Aufgerüttelt durch die Mukoviszidose-Erkrankung ihrer Mitschülerin Sabrina, sammelten sie Geld für die Kinderklinik der Universität Tübingen – fast 40 000 Mark.

Die Klasse beschränkte sich nicht auf die karitativen Reserven des kleinen Mössinger Teilorts, sondern spannte Politiker, Sportler und Künstler der ganzen Republik ein – mit Erfolg. Von Jürgen Klinsmann kam eine Jacke, von Henry Maske ein Paar Boxhandschuhe. Olympiasiegerin Nicole Uphoff-Becker schickte einen Handschuh, den sie 1992 bei ihrer Golddressur in Barcelona getragen hatte. Und Gregor Gysi gab für den guten Zweck der geplanten Versteigerung das Fraktionsglöckchen der PDS her.

Allein die Auktion der Promi-Utensilien brachte einen Reingewinn von mehr als zehntausend Mark. „So viel Geld hatte noch niemand von uns auf einem Haufen gesehen, und wir waren alle mächtig stolz", schilderten Schüler bei einer fröhlichen Schlußbilanz in der Öschinger Festhalle ihre Glücksgefühle von damals. Angesichts dieses Erfolgs verflog sogar die leise Enttäuschung darüber, daß Christiane Herzog nun doch nicht gekommen war. Die Frau des Bundespräsidenten, die ihre langjährigen Mukoviszidose-Aktivitäten seit dem Frühjahr 1997 in einer Stiftung gebündelt hat, hatte ihren angekündigten Besuch kurzfristig absagen müssen.

Mukoviszidose ist die häufigste erbliche Stoffwechselerkrankung hierzulande. Ein genetischer Defekt, der die Lunge mit zähem Schleim füllt, ist trotz aller Fortschritte in der Forschung noch immer unheilbar. Außer der Lunge werden die Ausgänge der Bauchspeicheldrüse durch den Schleim verstopft. Patienten müssen mehrmals täglich eine halbe Stunde inhalieren; die schlechte

Verwertung des Essens führt zu einem dauernden Kampf gegen Untergewicht. In Deutschland leiden 6000 bis 8000 Kinder und junge Menschen an dieser Stoffwechselerkrankung. Statistisch ist jeder 25. Bundesbürger Muko-Erbträger. Ein Medizinerteam sowie Psychologen, Pädagogen, Physiotherapeuten, Diätassistenten und Pflegekräfte versorgen etwa 90 Patienten in der auf Mukoviszidose spezialisierten Tübinger Kinderklinik.

Dort wird auch Sabrina von Zeit zu Zeit therapiert. Die sportbegeisterte Zehnjährige hat ihr lustiges Wesen bewahrt trotz der lästigen, oft quälenden Zwänge, mit denen die Krankheit dieses sonst unbekümmerte Leben einengt. Im Sommer wäre Sabrina nach der Schule am liebsten für den Rest des Tages im Freibad – aber gerade im Wasser lauert die Gefahr einer Infektion; eine Ansteckung könnte für das Mädchen tödlich sein.

Die Eltern müssen ständig abwägen zwischen dem Wunsch ihrer Tochter nach Spiel und Spaß und möglichen gesundheitlichen Risiken. „Das fällt uns schwer", sagt der Vater. „Das große Verständnis ihres Klassenlehrers und der Mitschüler hat uns aber sehr geholfen." Anfangs hatten die Eltern gezögert, Sabrina aus der Anonymität heraustreten zu lassen. Heute finden sie, der Schritt in die Öffentlichkeit war richtig – wegen der Spenden und weil die Aktion über ein zwar verbreitetes, jedoch wenig bekanntes Leiden aufgeklärt habe. Einmal beschrieb Sabrina in einem Brief aus der Klinik ihren Mitschülern einen Tropf: „Da fließt Flüssigkeit aus einer Flasche durch einen dünnen Schlauch in mein Blut … Die soll meinen Pseudomonas-Keimen eins auf die Pfanne hauen." – Mukoviszidose? „Nicht nur uns", berichteten Klassenkameraden, „auch unseren Eltern und unserem Heimatort Öschingen sind durch unsere Aktion die Augen dafür geöffnet worden, was es mit dieser Krankheit mit dem komischen Namen auf sich hat."

Wulf Reimer

Die Dienstagsdamen

„*I*ch vermag nur wenige Worte hervorzubringen. Aber ich kann mich verständlich machen, und ich verstehe Zuneigung, Wärme, Zärtlichkeit und Liebe.“ Worte, die eine Mutter ihrem schwerstbehinderten Kind in den Mund gelegt und aufgeschrieben hat. Ein paar Zeilen nur, aber doch genug, um der Wellingsbüttlerin Hella Ahrens die Richtigkeit und Wichtigkeit ihres Tuns stets aufs neue zu verdeutlichen.

Hella Ahrens betreut mit zehn anderen Damen schwerstbehinderte junge Erwachsene. Einen Nachmittag pro Woche kümmern sie und ihr Team sich um die jungen Männer und jungen Frauen, die vormittags in der Tagesförderstätte „Roter Hahn“ in Volksdorf betreut werden. Der Nachmittag ist nicht nur eine zusätzliche Zuwendung für die Behinderten, er verschafft deren Eltern freie Zeit, Zeit für sich selbst, Zeit, um neue Kräfte zu sammeln oder auch nur um lästigen Alltagskleinkram zu erledigen.

Für die lebhafte Frau, selbst Mutter von drei erwachsenen Kindern, ist ihr Engagement eine Form der Dankbarkeit an das eigene Leben. „Wir sind gut bedacht worden“, sagt sie. Und bezieht in diesen Satz bewußt ihre behinderte Schwester ein, die sie nach dem Tod der Mutter in die eigene Familie aufnahm. Ein freundliches Wesen, nur wenig behindert, eben noch Grund genug zur Dankbarkeit über das eigene Schicksal.

Wer so leben kann, befand Hella Ahrens muß etwas für andere tun. Der Gedanke trieb sie schon um, als die Buchhändlerin der eigenen Kinder wegen ihren Beruf aufgab. Sie engagierte sich in der Kirchengemeinde, gehört noch heute dem Chor an, veranstaltete gemeinsam mit anderen Basare – und bekam so den Kontakt zum „Roten Hahn“.

Man hatte, erinnert sich Hella Ahrens, „schnell etwas übrig füreinander“. Zeit und Anteilnahme, Hilfestellung und Zuwendung ergänzten bald die Spenden – und sind mittlerweile vielfach wichtiger als Geld. „Denn Zeit ist das Kostbarste, was wir verschenken können."

Ein Satz, auf den die agile Frau viel Wert legt, den sie anderen immer wieder ermutigend zurufen möchte.

Vor zehn Jahren begann sie damit, anderen Damen Zeit für die Betreuung der Behinderten vom „Roten Hahn" abzugewinnen. Durch ihre vielen Kontakte in Wellingsbüttel, wo Hella Ahrens aufgewachsen ist und das sie nach der Heirat nur kurz verlassen hatte, kannte sie sich aus im Umfeld. Doch die Arbeit mit den Behinderten verlangt besonders viel Einfühlsamkeit, Geduld, gute Nerven und natürlich überhaupt keine Berührungsängste. Ein sensibles Feld eben, für das sich nicht jeder eignet.

Hella Ahrens bewies offensichtlich gute Menschenkenntnis. Die Gruppe der Damen, die sich dienstags nachmittags nun der schwerstbehinderten jungen Menschen annimmt, ist fest gefügt, in sich und in der Verbindung zum „Roten Hahn". „Wir brauchen einander", sagte die Initiatorin der Gruppe.

Von den Helfern in der Tagesförderstätte werden die Damen mit den Eigenheiten ihrer „Kinder" vertraut gemacht. Sie lernen, sie zu windeln und zu füttern, mit Anfällen und Ausfällen fertig zu werden, unkontrollierte Gefühle auszuhalten. Sie haben Kontakt zu den Eltern, bauen sich eine Vertrauensbasis auf, „die häufig zu richtigen Freundschaften wird".

Über den einen Nachmittag sind Verbindungen entstanden, die längst mehr Zeit beanspruchen als nur die paar Stunden. Denn Hella Ahrens und ihre Gruppe stehen den Eltern auch zu anderen Stunden zur Verfügung, mit Zeit vor allem, aber auch zum Zuhören, einfach zum Dasein. Auf die Uhr schauen die „Mütter für einen Nachmittag" dabei nicht. „Mal sind es zehn Stunden, mal mehr in der Woche."

Ihren Einsatz zu bemessen ist ihr nicht wichtig – zumal die Arbeit für die jugendlichen Behinderten auch nicht das einzige soziale Engagement ist, für das Hella Ahrens ihre Zeit schenkt.

Nicht die hohe Zahl von Stunden ist es, die für ein Stück mehr Mitmenschlichkeit von Bedeutung ist. „Nur ein, zwei Stunden in der Woche, um einen einsamen Menschen im Altenheim zu besuchen …“ Schon das gebe ein beiderseitiges Glücksgefühl.

Die „Dienstagsdamen“ begegnen schwerem Leid und viel Traurigkeit, sie müssen mit dem Tod umgehen und auch mit der Bitterkeit gegenüber der Unberechenbarkeit des Lebens. Und mit den Grausamkeiten anderer Menschen. Bei einem der Spaziergänge mit den Behinderten hatte eine junge Frau aus Hella Ahrens' Gruppe zwei dieser jungen Menschen an ihrer Seite. Da schleuderte ein Spaziergänger doch glatt diesen Satz in die Welt: „Ein behindertes Kind geht ja noch, aber warum es gleich zwei sein müssen …“

Hella Ahrens steigt der Zorn noch immer ins Gesicht, wenn sie an diese Szene denkt. Aber auch das Mitleid mit solchen Menschen. „Wir erleben in allem eine frohmachende Selbstverständlichkeit“, sagt sie. „Wir bekommen so viel zurück. Es ahnt ja keiner, was einem da entgeht.“ Mit den Worten eines ihrer Schützlinge, wieder von der Mutter ihrem schwerstbehinderten Kind in den Mund gelegt, klingt das so: „In meinem Leben gibt es einige ganz besondere Menschen. Ich bin glücklich, ich werde von einigen Menschen geliebt.“

Doch die Selbstverständlichkeit im Umgang mit „ihren“ behinderten Kindern ist keinesfalls ein Schutzwall gegen die üblen Launen des Lebens. Wenn Hella Ahrens irgendwo einen behinderten Menschen sieht, über dessen Schicksal sie nichts weiß und der ihr nicht nahesteht, muß ich immer erst mal Luft holen“, sagt sie und beschreibt damit den immer wieder neuen Schock, das empfindsame Reagieren, das sich durch den regelmäßigen Umgang mit Behinderten eben nicht hinter kühler Routine verstecken kann.

Vielleicht ist es gerade die stets wachbleibende Sensibilität, die Frau Ahrens und ihren Damen immer wieder die Kraft verleiht, den Kummer ihrer Schützlinge und deren Familien lindern zu helfen. Denn nur so können sie das Glück wahrnehmen, die Freude und die Zuneigung, die sich ihnen oft nur stammelnd und unartikuliert darstellt.

„Das", sagt Hella Ahrens denn auch, „gibt Kraft." Aber ganz wichtig ist ihr auch dies: „Ohne ein gutes Team können Sie so etwas nicht machen." Und daraus spricht viel Stolz auf die Damen, die an ihrer Seite Gutes tun. Ihr behinderter Schützling würde es wohl so formulieren: „Ich muß etwas Besonderes sein, so viele Mütter haben zu dürfen."

Susanne von Bargen

*I*ch bin der Meinung, daß mein Leben der Menschheit gehört und daß es mein Privileg ist, solange ich lebe, für sie zu tun, was immer ich kann.

George Bernard Shaw, Dedicatory Letter

*I*ch will vollständig verbraucht sein, wenn ich sterbe, denn je mehr ich mich eingebe, desto lebendiger bin ich.

George Bernard Shaw, Dedicatory Letter

*W*ir merken, daß das, was wir erreichen, nur ein Tropfen im Ozean ist. Aber wenn dieser Tropfen nicht im Ozean wäre, würde er vermißt.

Mutter Teresa

Kaffee und mehr

„Gottes Engel haben keine Flügel“, lautet der Titel eines bekannten Buches von Claus Westermann.

Dorothea Lucke würde sich freilich nicht zu diesen Engeln in Menschengestalt zählen. Sie würde einfach sagen: „Ich habe meine Pflicht getan. Das bißchen, was ich dazu beitragen konnte, die Dinge zu verbessern, habe ich geleistet.“ So bescheiden, so wenig pathetisch, so pflichtbewußt-preußisch gibt sich die 83jährige Dame aus Frankfurt am Main. Sie ist elegant, immer gut angezogen, das volle silberne Haar leuchtet einem entgegen. Und sie strahlt etwas aus: Würde, Ruhe, Kraft und Energie. Aber auch Neugier auf den anderen, Aufgeschlossenheit.

So sehr das preußische Erbe aus ihrer Biographie heraus verständlich wird, so wenig hätte sie freilich zur Bescheidenheit Anlaß. Bis vor drei Jahren war die rüstige Rentnerin noch Mitglied im Kirchenvorstand ihrer Gemeinde. Seit Anfang der sechziger Jahre ist sie dort ehrenamtlich tätig. Die diakonische Arbeit, die im Gemeindeleben einen Schwerpunkt bildet, war und ist bis heute das wichtigste Anliegen der Witwe eines ehemaligen Dresdner Konzertmeisters. Dabei versteht sie „Diakonie“ nicht als bloße Sozialarbeit, sondern vielmehr in einem ganzheitlichen, sie würde sagen: „geistlichen“ Sinn. Da Dorothea Lucke bis zum Jahre 1980 als Sekretärin im Gemeindebüro beschäftigt war, kennt sie den Stadtteil und seine Menschen und ihre großen und kleinen Nöte sehr gut. Um sie herum kristallisierte sich im Laufe der Jahre ein ehrenamtlicher Besuchsdienst. Bis heute ist sie selbst im Rahmen dieses Besuchsdienstes tätig, besucht monatlich im Auftrag der Gemeinde zwischen dreißig und vierzig Personen und berichtet dem Kirchenvorstand regelmäßig schriftlich über ihren Dienst. Diese Arbeitsberichte sind legendär. Pünktlich zum Monatsende, mit der alten Schreibmaschine minutiös erstellt, sind sie den Gemeindepfarrern eine große Hilfe in der Seelsorgearbeit.

Sie besucht die Menschen zu Hause in ihren Wohnungen. Sie scheut aber auch nicht den unbequemen Weg ins Krankenhaus oder in die umliegenden Alten- oder Pflegeheime. Wenn ein älterer Mensch eine Begleitung auf dem Weg zum Arzt oder beim Kauf eines Hörgerätes wünscht, steht die Mutter dreier längst erwachsener Kinder, die ihren Lebensweg zwischen Musik und Pharmazie eingeschlagen haben, stets bereit. Mit Personen, die aus dem Stadtteil verzogen sind, hält sie noch über Jahre hinweg Kontakt. So entsteht mitten im Dschungel der Großstadt ein Stück echter Lebenswelt, in der Menschen sich angenommen und geborgen fühlen können. Geht sie „in Urlaub“ zu einem ihrer Kinder, dann nicht, ohne ein Packen voller Briefe und Postkarten vorzubereiten. Alle, die während dieses „Urlaubs“ Geburtstag haben, finden pünktlich zu ihrem Festtag „ihre“ Glückwünsche im Briefkasten.

Vor mehr als zwanzig Jahren begründete sie in einem zum Stadtteil gehörigen Altenwohnheim zusammen mit dem Pfarrer eine wöchentliche Andacht; bis heute wird sie meistens von ihr selbst gehalten und liebevoll gestaltet, dazu kommen monatliche Abendmahlsgottesdienste. Beides findet großen Anklang, nicht nur bei den Bewohnern des Altenwohnheims, nicht nur bei Gemeindegliedern. Ein Schwerpunkt ihres Wirkens ist der in Frankfurt bekannte soziale Brennpunkt „Karl-Kirchner-Siedlung“, wo sie selbst bis 1985 wohnte. Bis heute ist sie täglich in dieser Siedlung aktiv und unermüdlich unterwegs, Angst kennt sie keine. Im letzten Winter, es war schon dunkel, war sie gerade auf dem späten Nachhauseweg, da bedrohte sie ein Unbekannter in einem der langen düsteren Gänge. Kein Mensch war in der Nähe. Ganz ruhig sprach sie den Mann an. Ihre Souveränität und Bestimmtheit meisterten die Situation, sie ging ihres Weges.

Dorothea Lucke regelt als Dienstvorgesetzte noch heute den Einsatz eines Zivildienstleistenden, der Einkäufe, Putzdienste und Erledigungen aller Art übernimmt. Woher nimmt eine 83jährige die Kraft, dies alles zu gestalten und zu organisieren?

Daneben leitete sie bis 1997 fünfzehn Jahre lang einen „Seniorengeburtstagsnachmittag mit Gästen“, den sie selbständig vorbereitete und mit einigen anderen Damen zusammen durchführte. Alle zwei Monate wurde dieser Nachmittag jeweils von vierzig bis achtzig Personen besucht. Ihr Sinn für Farben und Ästhetik machte das Zusammenkommen immer zu einem Fest. Von der Farbe der Tischdecken bis zum Blumenstrauß – es stimmte einfach alles. Die Kuchen für die Nachmittage backte sie meistens selbst.

Als sie aus dem Kirchenvorstand ausschied, ergriff dieser die Initiative für eine Ehrung: Dorothea Lucke wurde auf einem ihrer Seniorengeburtstagsnachmittage das Goldene Kronenkreuz verliehen, die höchste Auszeichnung kirchlicher Diakonie. Die Verleihung, von der sie vorher nichts wußte oder ahnte, sollte einen Teil desjenigen Dankes symbolisieren, den Gemeinde und Kirche Dorothea Lucke schulden. Überrascht, freudig, aber bescheiden wie immer nahm sie die Auszeichnung entgegen. Sie hielt sich aber nicht lange dabei auf. Schließlich mußte sie ihren Gästen wieder Kaffee ausschenken. Wie immer.

Eberhard Martin Pausch

Der wahre Reichtum eines Menschen liegt in dem Guten, das er oder sie tut.

Mohammed

Oft und viel teilen. Wissen, daß ein anderes Leben einfacher geworden ist, weil du gelebt hast: Das bedeutet, erfolgreich gewesen zu sein.

Ralph Waldo Emerson

Für nichts!

Man könnte sagen, daß ich hier so etwas Ähnliches wie eine „Torwächterin" bin – die erste Person, der man begegnet, wenn man hier hineinkommt. Meine Arbeitskollegen rufen mich manchmal an und fragen: „Heiliger Petrus?" Ich sage: „Er ist momentan nicht hier. Kann ich ihm etwas ausrichten?"

Jedenfalls nennt sich unsere Abteilung „Familienfürsorge". Die Leute kommen herein, und ich dirigiere sie zu den verschiedenen Zimmern, die entweder für Nahrungs-Coupons oder Obdach-Vermittlung oder Kinderschutz oder Rechtsschutz usw. zuständig sind. Meine Arbeit besteht darin, zu erkennen zu versuchen, welche Stelle für sie zuständig sein könnte. Das ist nicht so einfach.

Lange Zeit empfand ich dies als unangenehme Aufgabe. Ich mag jemanden nicht nach dem Ausmaß seines Problems „einschätzen". Es hilft einer Person vielleicht unmittelbar, aber langzeitig begrenzt es sie doch irgendwie. Und es begrenzt auch mich und engt mich ein. Ich habe mit alldem sehr ringen müssen. Aber ich habe dann eine Erfahrung gemacht, die mein Denken verändert hat.

Es gab eine Frau, die auf der Straße lebte und die ich oft vom Bus aus im Vorbeifahren sah. Sie war eine obdachlose Alkoholikerin; später ergab sich bei ihr auch noch die Diagnose auf Krebs. Aus irgendeinem Grund entschloß ich mich, mich tiefer auf sie einzulassen. Ich mochte ihr Lächeln. Ich hatte genug davon, Leute dahin und dorthin zu dirigieren. Ich kannte das ganze Labyrinth der sozialen Dienste; ich führte die Frau deshalb selbst zu den für sie notwendigen Stellen – zu Kliniken, Obdachlosenheimen, der Krankenfürsorge usw. Ich glaube, ich wollte eigene Gewißheit bekommen, daß ich selber einer Person Hilfe geben konnte. Sie war sehr umgänglich. Viola hieß sie. Sie war aufnahmebereit, ja sogar humorvoll: „Nun, Marie", sagte sie, „was wirst du heute für mich tun?"

Meine Güte – wenn ich an die Szenen denke, die wir zusammen erlebten! Einmal rief man mich zum Obdachlosenheim.

Irgendwie war es ihr gelungen, eine beträchtliche Menge Whiskey in das Heim zu schmuggeln und sich dann zusammen mit einer Gruppe vollaufen zu lassen. Das war gegen die Vorschrift, und ich mußte sie hinausbegleiten. Ich sagte: „Du hast mir versprochen, daß du keinen Ärger machen würdest. Dort drinnen ist es wenigstens wärmer als hier draußen." Sie sagte: „Nun, wir wollten es uns noch wärmer machen."

Oder ich verschaffte ihr einen Therapeuten. Nach einer Weile rief er an: „Hören Sie, sie kommt nur unregelmäßig, und wenn sie kommt, dann will sie sich immer nur mit mir streiten. Wozu kommt sie überhaupt?" Und wenn ich das Viola vorhielt, sagte sie: „Klar will ich mich mit diesen Leuten streiten. Er will ständig mit mir über meine Kindheit sprechen, aber er erinnert sich überhaupt nicht mehr an seine eigene Kindheit. Glaub' mir, Marie!"

Und das tat ich auch. Oft mußte ich so lachen. Sie war so aufrichtig und ehrlich. Oh, ich habe sie wirklich geliebt – wirklich sehr! Aber die Probleme dauerten monatelang an. Nichts schien zu klappen. Sie ging immer wieder auf die Straße, trank und wurde immer kränker. Je hilfloser ich wurde, desto mehr konnte ich sie einfach nur lieben; was konnte ich sonst tun? Und dann versuchte ich es doch erneut: „Schau, Viola", sagte ich, und sie antwortete: „Wohin soll ich denn schauen, Marie?" Das wurde so ein Spiel zwischen uns: „Schau!" – „Wohin denn schauen?"

Sie zog in einen Park in der Nähe meines Hauses, und dort ging es mit ihr wirklich bergab. Eines Abends ging ich zu ihr. Sie saß unter einem Baum und sah furchtbar aus. Ich spürte in mir diese sehr machtvolle Wahrnehmung, daß sie dem Tode sehr nahe war. So ging ich mit ihr noch mal alles durch: ihre Trinkerei, ihre Gesundheit, ihre schlechte Ernährung, ihre Obdachlosigkeit. Dann sagte ich ihr, daß sie zu mir in meine Wohnung ziehen könne. Ich hatte diesen Grad der Bereitschaft erreicht.

Sie hörte einfach zu und sagte dann: „Weißt du, Liebes, es gibt nichts mehr, was du für mich tun könntest." Und ich sah, daß sie recht hatte. Ich stieß diesen großen Seufzer aus und ließ einfach los.

Dann begann es leicht zu regnen. Ich sagte: „Es wird naß, und es ist spät. Wollen wir nicht einen Kaffee trinken gehen?"

Sie sagte: „Geh du, Marie. Ich bin hier gut aufgehoben."

Ich sagte: „Okay … ja … bis zum nächsten Mal." Irgendwie fühlten wir beide, daß dem nicht so sein würde.

Ich ging zum Bus, und im Bus begann ich zu weinen. Ich fühlte mich sehr traurig. Dann fühlte ich, daß es noch etwas gab. Ich wußte nicht was. Mir wurde deutlich bewußt, daß sie dort allein im Regen lag. Nur diese Wahrnehmung stieg in mir auf. Ich stieg wieder aus und nahm den nächsten Bus zurück und ging wieder in den Park, mit einer festgehaltenen Zeitung auf meinem Kopf, als Schutz vor dem Regen. Ich sah wahrscheinlich sehr komisch aus.

Sie befand sich noch unter dem Baum. Sie schaute zu mir hinauf. Ich setzte mich. Sie sagte: „Was tust du hier?" Ich sagte: „Nichts Besonderes. Ich wollte nur noch ein wenig bei dir sein." Sie sagte: „Okay."

So saßen wir im Regen. Da waren wir! Es war noch relativ trocken, denn wir saßen unter einer großen Platane. Ich erzählte ihr, wie mir mein Vater beigebracht hatte, Bäume anhand ihrer Rinde zu erkennen, und wie sehr ich die Natur liebte und daß ich mich in ihr am glücklichsten fühlte. Sie erzählte mir von der Wüste. Sie hatte früher in Arizona gelebt. Ihr Lieblingsort war die Wüste, es sei dort sehr friedlich.

Wir schauten dem Regen zu. Wir beobachteten die umherschwirrenden Eichhörnchen und sahen, wie die letzten Besucher den Park verließen. Wir schauten auf den menschenleeren Park: einige Vögel, ein streunender Hund … langsam vom Rasen aufsteigender Dunst. Ich fühlte endlich Frieden in mir. Wir beide fühlten Frieden in uns. Wir verweilten lange Zeit schweigend. Ich spürte so große Liebe.

Sie begleitete mich zum Bus. Sie sagte: „Danke!" Ich sagte: „Wofür?" Sie sagte: „Für nichts." Wir lachten beide. „Du bist sehr gut zu mir gewesen", fügte sie hinzu. Wir waren den Tränen sehr nahe. Wir umarmten uns. Dann bestieg ich den Bus, und wir winkten einander zum Abschied zu. Ich habe sie nie wieder gesehen. Ich werde sie immer lieben.

Ram Dass / Paul Gorman, Wie kann ich helfen?

Verurteile niemanden, und betrachte nichts als unmöglich, denn niemand ist ohne Zukunft, und es gibt nichts, das nicht seine Stunde hat.

Talmud

Verurteile deinen Nächsten nicht, bevor du in der gleichen Lage warst.

Talmud

Der Geschmack des geteilten Brotes hat nicht seinesgleichen.

Antoine de Saint-Exupéry

Es ist angerichtet

Raus aus dem Ledersitz des anthrazitfarbenen Mercedes, ab durch den Baustellenschlamm, in den ersten Stock des Kasernengebäudes, immer zwei Stufen auf einmal, rein in den „Essenstreff" mit seinen Plastikstühlen – Horst Zahner ist in seinem Element, Berührungsängste sind ihm fremd. Nur daß er heute, weil nicht geplant, in grauen Flanellhosen und dunkelblauer Anzugjacke mit Goldknöpfen bei den Obdachlosen aufkreuzt, anstatt wie sonst in Jeans und Pulli, ist ihm ein bißchen peinlich. „Normalerweise fahre ich auch nicht mit dem Auto aufs Vaubangelände", sagt er, „das ist für die Leute hier doch eine Provokation." Nur weil es so schneit, hat er eine Ausnahme gemacht.

Großes Hallo, als Zahner den Raum betritt. Es ist noch vieles zu besprechen für die bevorstehende Nikolausfeier, da kommt der Chef gerade recht. Wo der Weihnachtsbaum stehen soll, bestimmt Zahner selbst, auch um das Menü kümmert er sich. Dann sorgt er erst einmal dafür, daß auf den Tischen die Kerzen angezündet werden.

Wie der große Gönner benimmt Zahner sich nicht. Als erstes macht er die Runde, gibt jedem einzelnen die Hand, wechselt ein paar Worte. Hört sich die Geschichte eines arbeitslosen Krankenpflegers an, fragt nach, gibt Tips. Dann holt er sich an der Essensausgabe Salat und Nudeln mit Soße, ohne Fleisch bitte, bezahlt. Setzt sich mit seinem Plastiktablett zu einem Gast an den Tisch, unterhält sich, ißt. Wie alle anderen, nur daß er der einzige mit Krawatte ist.

Im Hauptberuf ist Horst Zahner Unternehmer. Er besitzt eine Nudelfabrik und betreibt einen Partyservice und einen Menü-Bringdienst. 74 Mitarbeiter, 13 Millionen Mark Jahresumsatz, Tendenz steigend. Im Nebenberuf ist Horst Zahner, das darf man getrost so sagen, der Herr des Freiburger Essenstreffs für Bedürftige. Auch wenn an dem Gebäude, in dem die Obdachlosenküche noch bis Februar untergebracht ist, das städtische Wappen hängt. Zahner weiß, und auch die Bürgermeister wissen, daß es den Essenstreff nur gibt, weil es den Unternehmer Horst Zahner gibt.

1993 war es, als die Stadtverwaltung das Konzerthaus plante. „Da“, sagt Zahner, „kam ich ins Denken“: 100 oder 150 Millionen Mark für ein Tagungshaus, und dabei gibt es Menschen, die nicht einmal eine warme Mahlzeit am Tag haben. Das geht nicht, sagte sich Zahner, und sagte es auch gleich dem Oberbürgermeister. Und wer Zahner kennt, kann sich vorstellen, daß er es nicht nur einmal gesagt hat. Er forderte aber nicht nur, sondern ergriff die Initiative: Wenn die Stadt einen Raum stelle, wolle er täglich warmes Essen für die Obdachlosen anliefern, schlug er dem OB vor.

Das mit dem Raum dauerte. Bis Horst Zahner schließlich ankündigte, er werde sich mit einem Wagen vors Münster stellen und dort Suppe ausgeben. „Das wollte dann doch niemand“, sagt er augenzwinkernd. Er bekam den Raum auf dem Vaubangelände.

Es war nicht das letzte Mal, daß sich im Zusammenhang mit dem Konzerthaus das soziale Gewissen des Nudelfabrikanten meldete. Das nächste Mal war es in der Tiefgarage. Gut beheizt, blitzblanker Boden, aufwendige Beleuchtung und das alles nur für die Autos: Das gibt's doch nicht, dachte Zahner – und besuchte tags darauf demonstrativ die ziemlich heruntergekommene Obdachlosenunterkunft in der Klarastraße 100. „Danach wurden dort zumindest die Wände gestrichen.“

Es hat gewiß mit seiner christlichen Grundhaltung zu tun, daß sich Zahner, der selbst aus einfachen Verhältnissen kommt, für „die schwächsten Glieder“ der Gesellschaft stark macht. Er fühlt sich verantwortlich; denn er ist überzeugt, daß diejenigen, die ganz unten sind, dafür meist nichts können. „Wir dürfen sie nicht schuldig sprechen, wir müssen ihnen Würde geben“, sagt Zahner in der ihm eigenen, etwas missionarischen Art.

Es ist aber nicht nur selbstlose Nächstenliebe, die einen wie

Zahner antreibt. Aus seinem Einsatz für die Schwächeren zieht er auch Selbstbestätigung. „Willst du dich deines Wertes erfreuen, mußt erst du der Welt Wert verleihen", zitiert Zahner seinen Wahlspruch, den er bei Schopenhauer entlehnt hat. Große Worte, die ihm wie selbstverständlich über die Lippen kommen. Er kann es auch anders sagen: Wenn er im Essenstreff Hände schüttelt, dann fühlt er sich „happy". Und: „Das ist für mich wie für andere der Fußballplatz." Außerdem ist der Geschäftsmann überzeugt, daß sich der Erfolg, den er mit Schupfnudeln und Spätzle hat, genau aus diesem sozialen Einsatz speist. „So sehr wir uns in dieser Sache engagieren, so gut geht es auch der Firma."

Wenn manche das allzu wörtlich nehmen und ihm vorwerfen, sein Engagement sei nur eine Publicity-Veranstaltung, so ist das allerdings ungerecht. Dafür nimmt Zahner die Sache viel zu ernst. Wenn er redet, manchmal beinahe predigt, fixieren seine braunen Augen das Gegenüber mit einem derart intensiven Blick, daß ein Ausweichen unmöglich ist. Wer ihm zuhört – beispielsweise wenn er erzählt, wie er in einer Weihnachtsnacht zwei Obdachlose aus dem Wald holte, um sie vor dem Erfrieren zu retten –, der wird gebannt lauschen. Und sich unwillkürlich fragen: Kann es überhaupt etwas Wichtigeres geben?

Horst Zahner redet gern und viel, auf jede Frage folgt ein kleiner Vortrag. „Das ist jetzt ganz wichtig", sagt er gerne, wenn er etwas erklärt. Aber weil er eben nicht nur redet, sondern auch etwas tut, hat er sich auch bei der Stadt durchgesetzt. Damals, als es um den Raum ging, und auch jetzt wieder: Bald wird der Essenstreff ins Dreikönigshaus an der Schwarzwaldstraße umziehen, in schönere Räume, die von der Stadt aus leichter zu erreichen sind. Dort will Zahner aus der Einrichtung einen echten Treffpunkt machen: Eine Gaststätte soll es werden, mit Holzstühlen, Sitznischen und einer Speisekarte, die auch andere Gäste anlockt und zur Begegnung einlädt. „Die Obdachlosen sind doch nicht Menschen zweiter Klasse."

Bei allem Engagement für die Zukurzgekommenen ist Zahner kein Sozialromantiker. Wenn er sich zum Beispiel auch für die Wagenburgen in der Stadt einsetzt, hat das nichts damit zu tun, daß er diese als „alternative Lebensform“ verklärt. Er sieht vielmehr die Not derer, die durch Arbeitslosigkeit, Armut oder Alkohol so fertig sind, daß sie sich selbst nicht mehr helfen können. Zahner reicht ihnen die Hand. Aber wenn sie sich dann nicht an Spielregeln halten, zieht er sie auch wieder zurück. Wie bei der Wagenbewohnerin, der er auf seinem Betriebsparkplatz im Industriegebiet Nord Unterschlupf gewährte. Er gab ihr auch einen Job in der Küche, doch mit der Arbeit klappte es nicht „wegen des Alkohols“. Als sie keine Therapie machen wollte (Zahner: „Ich hätte das bezahlt!“), warf er sie hinaus. Jetzt steht der buntbemalte Wagen verwaist an der Straße vor der Firma. Die Frau hat Zahner seither nicht wiedergesehen.

Frustration läßt er nach solch einem Ereignis nicht aufkommen. Auch nicht, wenn ihm, wie einmal geschehen, auf dem Vaubangelände die Reifen seines Mercedes zerstochen werden. „Man muß sich vorstellen, was diese Leute alles schon erlebt haben“, sagt er, „da kann ich vier zerstochene Reifen doch wegstecken.“

Wenn ihn seine Schützlinge mal zu sehr in Beschlag genommen haben und er sich ausgelaugt fühlt, zündet Horst Zahner eine Kerze an, legt Musik auf und geht in sich. Meditationsarbeit nennt er das. Oder er „tankt Energie“ im Thermalbad „im Urelement Wasser“.

„Wenn du Gutes tust“, sagt Horst Zahner, „kommt es zigfach zurück. Es gibt mir ein Glücksgefühl, das ich nicht mehr missen möchte.“

Ulrike Schnellbach

Such einen Grund

Als wir in Rußland begannen, eine karitative Organisation aufzubauen, hatten wir ständig mit der Frage zu tun, warum es einen Grund gab, jemanden liebzuhaben.

Eine alte Frau lebt in einer großen Gemeinschaftswohnung. Ihre kranken Beine hindern sie daran, das Haus zu verlassen. Seit langem ist sie allen Mitbewohnern lästig. Sie bittet unentwegt um Hilfe, hier soll man ihr Lebensmittel besorgen, dort ihre Rente abholen. Ihr Zimmer ist schmutzig und voll üblen Gestanks. Es ist eine einzige Last, sich ihrer anzunehmen. Und sie kontrolliert unsere Mädchen, quengelt und schimpft, ob sie auch für die Eier und das Fleisch den angemessenen Preis bezahlt, nicht Geld für sich abgezweigt oder unterwegs etwas gefuttert haben. Sie knurrt und nörgelt unablässig, ist mißtrauisch, unerfahren und unzufrieden.

Wer zu ihr geht, muß sich überwinden. Bis einmal rein zufällig über die Dichterin Olga Bergholz gesprochen wird. Und da fängt die Alte an, Verse der Bergholz zu rezitieren, trägt ein Gedicht nach dem anderen vor. Und alle auswendig, gefühlvoll, sie geht ganz aus sich heraus. Danach rezitiert sie Gedichte Achmatowas und Mandelstams. Sie hat kein einziges Buch im Zimmer …

Wir fanden erst später heraus, daß sie diese Verse einmal alle von Hand abgeschrieben hatte und mit Olga Bergholz persönlich bekannt war. Seit diesem Tag suchten unsere Mädchen diese Alte mit einem völlig anderen Gefühl auf.

„Wir haben etwas herausgefunden, weswegen wir sie lieben", erklärten mir die jungen Helferinnen.

Das war eine überaus wichtige Entdeckung, für mich geradezu das Schlüsselwort: Finde heraus, weshalb du einen Menschen liebhaben kannst!

Du findest, wenn du suchst. Über dieses Thema führten wir ein gesondertes Gespräch. Einige alte Frauen, die wir betreuten, hatten während der Leningrader Blockade zu den jugendlichen Trupps gehört, die Häuser absuchten und Menschen, die vor Hunger entkräftet waren, fanden. Sie trugen sie dann zu Hospitälern oder versuchten, ihnen sonstwie behilflich zu sein. Mitunter gelang es, einen Menschen vor dem sicheren Tod zu retten, indem sie ihm einen Krug gekochten, heißen Wassers zum Trinken gaben. Und wenn man für ihn noch ein Stückchen Zucker oder einen Kanten Brot ergattern konnte, kam er wieder auf die Beine. Fast ein halbes Jahrhundert später waren nun sie, die ehemaligen Helferinnen der Blockade, an der Reihe, um die man sich zu kümmern hatte.

Mit alten Menschen kann man seine Überraschungen erleben, da ist immer etwas unerwartet Interessantes zu erfahren. Das ist wie mit Schmuckkästchen, in denen sich viel Weisheit angesammelt hat, jedenfalls all das, was man in keinen Büchern zu lesen bekommt.

Natürlich ergab es sich immer wieder, daß man zu den einen Pflegepersonen gerne, zu anderen ungern und zu manchen überhaupt nicht ging. Man wählte sich eben die sympathischsten Menschen aus.

Die erfolgreiche Suche nach dem Grund, warum man einen Menschen liebhaben konnte, bedeutete, daß die Flamme der Anteilnahme vor dem Erlöschen bewahrt, Pflichtgefühl und Fürsorglichkeit verlängert wurden.

Daniil Granin, Die verlorene Barmherzigkeit

5

Wer, wenn nicht wir? Wann, wenn nicht jetzt? Nur das Tun verwandelt die Welt

„Deshalb wollen wir, solange wir noch Zeit haben,
allen Menschen Gutes tun."

Galater 6, 10

Da wir noch reden, ist schon entflohen die neidische Zeit:
Ergreife den Tag, nimmer traue dem nächsten.

Quintus Horatius Flaccus

Die beharrlichste Frage des Lebens ist die:
„Was tust du für andere?"

Martin Luther King

Wir können unserem eigenen Leid nicht entrinnen,
aber wir müssen ihm einen Sinn verleihen,
indem wir gegen das Leid anderer ankämpfen.

Elie Wiesel

Als ob

Im Grunde besteht das Geheimnis des Lebens darin, daß wir handeln, als besäßen wir das, was uns am schmerzlichsten fehlt … Davon überzeugt sein, daß alles geschaffen *ist* für das Gute, daß es die Brüderschaft der Menschen *gibt* – und wenn das nicht wahr ist, was hat das zu sagen? Der Trost dieser Art, die Dinge anzusehen, besteht im Daran-Glauben, nicht darin, daß sie wirklich vorhanden sind. Denn wenn ich daran glaube, wenn du, wenn er, wenn sie daran glauben, siehe – dann wird sie sich als wahr erweisen.

Cesare Pavese, Tagebuch

Gottesliebe, Bruderliebe

Wenn jemand sagt: Ich liebe Gott, aber seinen Bruder haßt, ist er ein Lügner. Denn wer seinen Bruder nicht liebt, den er sieht, kann Gott nicht lieben, den er nicht sieht. Und dieses Gebot haben wir von ihm: Wer Gott liebt, soll auch seinen Bruder lieben.

Der erste Brief des Johannes

Der Nächste und alle

Im Buch Levitikus heißt es: „Du sollst deinen Nächsten lieben wie dich selbst“ (19, 18).

Rabbi Akiba lehrte: „Dieses Gebot ist das große Prinzip der Tora.“

Aber Ben Asaj sagte: „Es gibt noch ein größeres Prinzip. Es ist der Vers (Genesis 5,1): ‚Dies ist das Buch von des Menschen Geschlecht. Als Gott den Menschen schuf, machte Er ihn im Ebenbilde Gottes.‘ Hier geht es nämlich nicht nur um den Nächsten, sondern um alle Menschen.“

Talmud

Gefährliche Konsequenz

Wenn man das durchschnittliche Christenleben anschaut, scheint im normalen sittlichen Bewußtsein eines Christen die Vorstellung vorzuherrschen, man habe den Nächsten geliebt, wenn man ihm nichts Böses angetan und jene Sachforderungen erfüllt habe, die er einem mit Recht stellen kann. In Wahrheit aber gebietet das christliche „Gebot" der Nächstenliebe in seiner Einheit mit der Gottesliebe die Sprengung des eigenen Egoismus, die Überwindung der Vorstellung, die Nächstenliebe sei doch im Grunde genommen nur die vernünftige Regelung gegenseitiger Ansprüche und verlange nur das Geben und Nehmen im Einvernehmen. In Wirklichkeit aber erreicht die christliche Nächstenliebe erst dort ihr wahres Wesen, wo nicht mehr abgerechnet wird, sondern auch die Bereitschaft siegt, unbelohnt zu lieben, wo auch in der Nächstenliebe die Torheit des Kreuzes angenommen wird.

Wenn man die Einheit von Gottes- und Nächstenliebe wirklich versteht, dann rückt die Nächstenliebe aus ihrer Stellung einer partikulären Forderung nach einer abgegrenzten und kontrollierbaren Leistung in die Position eines totalen Lebensvollzugs, in dem wir als Ganze ganz gefordert und überfordert werden, so aber und nur so die höchste Freiheit erringen, die es gibt, die Freiheit von sich selbst.

Wenn wir dann Nächstenliebe und Brüderlichkeit als zwei Worte verstehen, die im Grunde dasselbe meinen, und wenn wir lieber Brüderlichkeit sagen, weil dieses Wort weniger als das Wort Nächstenliebe als Forderung einer sachlichen Leistung mißverstanden werden kann, die das Herz von seiner letzten Aufgabe dispensiert, dann kann man ruhig sagen, daß mit Brüderlichkeit in ihrer notwendigen Einheit mit der Liebe zu Gott das eine Ganze der Aufgabe des ganzen Menschen und des Christentums ausgesagt ist.

Dann aber müßte das Wort Brüderlichkeit sich wehren gegen

ein billig sentimentales Mißverständnis, es wäre eine Forderung, die ein normal christliches Gewissen in erhebliche Unruhe versetzen müßte. Wir müßten uns erschreckt fragen: Habe ich schon einmal geliebt, wo kein Echo, kein Lohn, keine Anerkennung, keine Selbstbestätigung dieser Liebe entgegenkam, geliebt mit dem schrecklichen Gefühl, dabei nur der bloß Dumme, der bloß Reingefallene und Ausgenützte zu sein? Diese Erfahrungen und Erprobungen der selbstlosen Liebe sind gewiß nicht alles an ihr, die an sich eine heitere und beglückende Erfahrung sein darf. Aber wo der Mensch in seiner Liebe nicht auch schweigend und wie selbstverständlich ihre bitteren Enttäuschungen bestehen kann, muß er sich doch fragen, ob er nicht einen lebensweisen Egoismus, der sich sehr anständig betragen kann, mit wahrer Liebe verwechselt, die den Menschen wirklich selbst-los macht und in die Unbegreiflichkeit Gottes fallen läßt. Recht verstanden ist also Brüderlichkeit ein sehr gefährliches Wort.

Karl Rahner, Wer ist dein Bruder?

Jeder. Sofort

Der Talmud erzählt die Geschichte von Hillel dem Älteren, einem Mann, der für seine Geduld ebenso berühmt ist wie für seine Gelehrsamkeit. Oft stellten die Menschen seine Geduld auf die Probe. Einmal kam ein Mann zu ihm und sagte: „Meister, lehre mich die ganze Tora, die gesamte biblische Weisung, während ich auf einem Bein stehe." Hillels großer Gegenspieler Schammai hatte diesem Mann zuvor ärgerlich den Laufpaß gegeben, aber Hillel gab ihm eine Antwort, die große Berühmtheit erlangte: „Nun, das ist sehr einfach", sagte er. „Was du nicht willst, was andere dir antun, das tu auch keinem anderen an." Häufig wird jedoch vergessen, daß dies nur die Hälfte der Antwort Hillels war. Die zweite Hälfte lautete: „Nun geh hin und lerne."

Kultur allein genügt nicht. Wissen allein genügt nicht. Wissen ohne Moral ist völlig nutzlos. Mehr noch: Wissen ohne ethische Normen wird unmenschlich. Als ich noch ein Kind war, sah ich mit eigenen Augen Mörder, die Hunderte von Kindern töteten, Tag für Tag. Einige von ihnen wurden lebendig begraben. Andere wurden bei lebendigem Leib verbrannt. Und viele dieser Mörder hatten Studienabschlüsse; sie waren im Besitz von Wissen. Sie waren gebildet. Aber ihnen fehlte jede ethische Dimension.

Vergessen Sie nicht: Unser gesammeltes Wissen wird von dem, was heute in der Welt geschieht, auf eine harte Probe gestellt. Verfolgung und Mord aus politischen und rassistischen Gründen, und vor allem die nukleare Bedrohung, die unseren Planeten in eine brennende Fackel verwandeln kann. Vergessen Sie nicht: Wir müssen uns in diesen Angelegenheiten engagieren. Ich sage: „Vergessen Sie nicht." Dies bedeutet, daß unser Wissen in der Erinnerung verwurzelt sein muß. Halten Sie die Erinnerung lebendig!

Mag sein, man vergißt solche Worte, aber man vergißt niemals eine Geschichte. Deshalb möchte ich eine Geschichte von einem Schüler erzählen, der zu seinem Meister kam, einem hochgepriesenen chassidischen Lehrer, dem Rebbe Mendel von Kozk. „Rebbe", sagte ihm der Schüler, „es gibt etwas, das ich einfach nicht verstehe. Gott brauchte sechs Tage, sechs endlos lange Tage, um die Welt zu erschaffen. Nun, schauen wir sie an! Sie ist schrecklich. Sie ist verdorben, grausam, unmenschlich." Der Meister blickte seinen Jünger an und erwiderte ihm sichtlich verärgert: „Kannst du es besser?" Von diesem Augenblick an fühlte der Schüler, daß er unrecht hatte, denn er spürte, was sein Lehrer ihm sagen wollte. Er stammelte. „Ich glaube … schon." – „So", fuhr ihn der Meister an, „du kannst es also besser? Worauf wartest du dann noch? Mach dich auf. Geh an die Arbeit – sofort!"

Elie Wiesel, Den Frieden feiern

Hier und jetzt

Blicke dich nicht um. Und träume nicht von der Zukunft: Sie wird dir nicht die Vergangenheit zurückgeben noch andere Glücksträume erfüllen. Deine Pflicht und deine Belohnung – dein Schicksal – sind hier und jetzt.

Jeden Morgen soll die Schale meines Lebens hingehalten werden, um aufzunehmen, zu tragen und zurückzugeben.
Dag Hammarskjöld

Die Gelegenheit

Ein junger Mann beschrieb voller Ungeduld, was für die Armen zu tun ihm vorschwebte.

Sagte der Meister: „Wann möchtest du deinen Traum wahr machen?“

„Sobald die Gelegenheit dafür kommt.“

„Die Gelegenheit kommt nie“, sagte der Meister, „sie ist da!“
Anthony de Mello, Zeiten des Glücks

Was denn sonst?

Wie konkret die Botschaft himmlischer Boten sein kann und daß selbst fromme Menschen dazulernen müssen, davon erzählen viele Geschichten. Eine handelt von einem berühmten Mann, dem bekannten Rabbi Levi. Dieser Rabbi Levi Itzhak trifft auf einen Bauern, dessen schwerer Karren umgefallen ist und der sich müht, ihn aufzurichten. Ohne den Rabbi zu erkennen, bittet er ihn, ihm zu helfen. Sie mühen sich beide ab, es geht nicht. Der Rabbi sagt:

„Ich kann nicht." Der Bauer schaut ihn nur streng an und sagt: „Du kannst wohl, du willst bloß nicht." Das trifft den Rabbi hart. Sie mühen sich wieder, und siehe, es gelingt ihnen, den Wagen zu heben. „Siehst du Bruder", meint der Bauer, „du konntest es doch!" Der Rabbi ist erstaunt. „Wieso glaubst du das?" – „Würde mir Gott dich in den Weg schicken, wenn er nicht eine Absicht damit gehabt hätte?" – „Meinst du denn womöglich, er habe den Karren umkippen lassen, damit ich dir helfe?" – „Was denn sonst, Bruder?"
Chassidische Geschichte

Bei flüchtiger Zeit

Im Namen Allahs,
des Gnädigen,
des Barmherzigen.
Bei der flüchtigen Zeit,
Wahrlich,
der Mensch ist in einem Zustande des Verlusts,
Außer denen,
die glauben und gute Werke tun und einander zur Wahrheit mahnen und einander zum Ausharren mahnen.
Koran

Dieser Augenblick

Glücklich, die den kurzen Augenblick dieses Lebens nützen, um Erbarmen zu üben! Ja, dieser Augenblick – denn was ist unser ganzes Leben schon anderes als ein Augenblick – fliegt dahin und ist im Nu vorbei. Die sechsundsiebzig Jahre meines Lebens erscheinen mir jetzt wie ein Traum, wie ein Augenblick, und nichts bleibt mir als das Bedauern, diesen Augenblick so schlecht genutzt zu haben.

Denken wir an den Kummer bei unserem Tod, wenn wir diesen Augenblick nicht dazu benutzt haben, Gutes zu tun.
Vinzenz von Paul, Worte des Erbarmens

Zeitverschwendung

Verschwende keine Zeit damit, über großartige Persönlichkeiten zu reden und darüber nachzudenken, wie sie sein sollten. Werde selber eine!
Mark Aurel

Von dem Menschen zu träumen, der du gern wärst,
heißt den Menschen verschwenden, der du bist.
Anonym

Grabe in deinem eigenen Innern.
Im Innern ist die Urquelle des Guten.
Und sie ist jederzeit bereit, hervorzusprudeln, wenn man nur gräbt.
Mark Aurel

Trete aus dem Kreislauf der Zeit heraus und in den Kreislauf der Liebe hinein.
Rumi

Es gibt viel zu tun

Es gibt viel zu tun. Und es gibt viel, was getan werden kann. Eine einzige Person, ein Raoul Wallenberg, ein Albert Schweitzer, eine einzige Person mit Integrität kann einen Unterschied bewirken, einen Unterschied von Leben und Tod. Solange auch nur ein einziger Dissident im Gefängnis sitzt, wird unsere Freiheit keine wahre Freiheit sein. Solange nur ein einziges Kind hungrig ist, werden unsere Leben mit Angst und Schande erfüllt sein. Was all diese Opfer vor allem brauchen, ist das Wissen, daß sie nicht allein sind, daß wir sie nicht vergessen, daß wir ihnen unsere Stimmen leihen, wenn die ihren erstickt werden, daß ebenso, wie ihre Freiheit von unserer abhängt, die Qualität unserer eigenen Freiheit von der ihren abhängig ist.

Keiner ist so der Dankbarkeit fähig wie jemand, der dem Königreich der Nacht entkommen ist. Wir wissen, daß jeder Moment ein Moment der Gnade ist, jede Stunde ein Geschenk; sie nicht zu teilen hieße sie verraten. Unsere Leben gehören uns nicht mehr allein; sie gehören all denen, die uns verzweifelt brauchen.

Elie Wiesel, Nobelpreisrede

Augen auf

Die Ethik der Ehrfurcht vor dem Leben verlangt, daß wir alle irgendwie und in irgend etwas für Menschen Mensch sind. Denen, die sich im Beruf nicht als Menschen an Menschen ausgeben können und sonst nichts haben, um es dahinzugeben, mutet sie zu, etwas von ihrer Zeit und Muße, auch wenn sie ihnen kärglich zugemessen sind, zu opfern. Schafft euch ein Nebenamt, sagt sie zu ihnen, ein unscheinbares, vielleicht ein geheimes Nebenamt. Tut die Augen auf und suchet, wo ein Mensch oder ein Menschen gewidmetes Werk ein bißchen Zeit, ein bißchen Freundlichkeit, ein bißchen Teilnahme, ein bißchen Gesellschaft, ein bißchen Arbeit eines Menschen braucht. Vielleicht ist es ein Einsamer oder ein Verbitterter, oder ein Kranker, oder ein Ungeschickter, dem du etwas sein kannst. Vielleicht ist es ein Greis oder ein Kind. Oder ein gutes Werk braucht Freiwillige, die einen freien Abend opfern oder Gänge tun können. Wer kann die Verwendungen alle aufzählen, die das kostbare Betriebskapital, Mensch genannt, haben kann!

Albert Schweitzer, Kultur und Ethik

Handle genauso

Jesus sprach zu einem Gesetzeslehrer: Ein Mann ging von Jerusalem nach Jericho hinab und wurde von Räubern überfallen. Sie plünderten ihn aus und schlugen ihn nieder; dann gingen sie weg und ließen ihn halbtot liegen. Zufällig kam ein Priester denselben Weg herab; er sah ihn und ging weiter. Auch ein Levit kam zu der Stelle; er sah ihn und ging weiter. Dann kam ein Mann aus Samarien, der auf der Reise war. Als er ihn sah, hatte er Mitleid, ging zu ihm hin, goß Öl und Wein auf seine Wunden und verband sie. Dann hob er ihn auf sein Reittier, brachte ihn zu einer Herberge und sorgte für ihn. Am anderen Morgen holte er zwei Denare hervor, gab sie dem Wirt und sagte: Sorge für ihn, und wenn du mehr für ihn brauchst, werde ich es dir bezahlen, wenn ich wiederkomme. Was meinst du: Wer von diesen dreien hat sich als der Nächste dessen erwiesen, der von den Räubern überfallen wurde? Der Gesetzeslehrer antwortete: Der, der barmherzig an ihm gehandelt hat. Da sagte Jesus zu ihm: Dann geh und handle genauso!

Evangelium nach Lukas 10, 30–37

Die Antwort ist praktisch

In der Parabel vom Samaritan paßt die Antwort nicht auf die Frage. Gefragt wurde: Wer ist mein Nächster? Wem soll ich Gutes tun? Am Schluß aber fragt Christus: Wer von den dreien war für den unter die Räuber Gefallenen der Nächste? Antwort: Der ihm Barmherzigkeit erwiesen hat. Moral: Geh hin und tue desgleichen. Damit ist erstens gesagt, daß es auf die gestellte Frage nur eine *praktische* Antwort gibt (während die theoretische Frage eine Ausflucht dessen war, der „sich rechtfertigen wollte"), zweitens, daß alle Nähe von der Liebe erst *geschaffen* wird.

Hans Urs von Balthasar, Das Weizenkorn

Das Naheliegende

Jesus preist die Barmherzigen selig. Wenn Matthäus im 25. Kapitel im Zusammenhang des Weltgerichts von den Werken der Barmherzigkeit spricht, heißt es: „Denn ich war hungrig, und ihr habt mir zu essen gegeben; ich war durstig, und ihr habt mir zu trinken gegeben; ich war fremd und obdachlos, und ihr habt mich aufgenommen; ich war nackt, und ihr habt mir Kleidung gegeben." Soziales Engagement zielt also auf konkrete Linderung der materiellen Not. Aber dann fährt diese Gerichtsrede fort, und jetzt klingt es plötzlich anders: „Ich war krank, und ihr habt mich besucht; ich war im Gefängnis, und ihr seid zu mir gekommen." Da steht nicht: Du hast meine Krankheit diagnostiziert und ein Serum gefunden oder prophylaktische Maßnahmen ergriffen, damit andere nicht angesteckt werden. Da steht nicht, wir müßten die Kranken heilen, und auch nicht, wir müßten die Gefangenen befreien – das müssen wir auch. Aber der Ernstfall ist hier, und heute ist der Beweis zu erbringen: Selbst wenn wir nichts mehr „tun" können, sind wir gefordert.

Vielleicht ist das eine meiner wichtigsten Erfahrungen: Auch in der Hilflosigkeit ist noch Sinn verborgen. Entscheidend ist gar nicht, daß wir hier und da Menschen behandeln, sondern daß wir da sind und das Leid mit ihnen teilen. Unsere Arbeit im Kriegsgebiet von Afghanistan begann am Punkt Null. Es gab keine anderen Möglichkeiten, als dem jungen Verwundeten nur über die Stirn zu streichen, als seiner Mutter die Hand zu halten. Es gab einfach keine Bluttransfusionen …

Und doch ist der Einsatz sinnvoll. Weil mitmenschliches Zueinander auch dort noch sinnvoll ist, wo Hilfe versagt.

Wenn wir nicht mehr den Mut haben zum Scheitern, wenn wir nicht mehr den Mut haben, noch dazusein, wenn ein Krebskranker stirbt, noch ja zu sagen zu einem Obdachlosen, von dem wir wissen, daß wir ihn nicht mehr resozialisieren werden, wenn wir nicht mehr den Mut haben, zu unserem Ehepartner ja zu sagen, auch wenn es schwierig ist, zu einem Kind ja zu sagen, auch wenn es nicht geplant ist, … woher soll dann der Mut, die Verrücktheit der Liebe noch in unsere Gesellschaft kommen?

Wir müssen uns nicht die Last der ganzen Welt aufbürden. Und trotzdem: Sich der Verantwortung immer ganz konkret stellen, das hat sich für mein Leben als die konstruktivste Art, mit Frustration umzugehen, herausgestellt.

„Nicht müde werden, nicht müde werden, sondern dem Wunder leise wie einem Vogel die Hand hinhalten“, heißt es in einem Gedicht von Hilde Domin.

Unsere Verantwortung ist begrenzt, aber wichtig für das Gelingen des Ganzen. Die eigene Ernte ist immer mehr als nur die eigene Ernte. Sie ist unverzichtbarer Teil der Gesamternte. Ohne sie würde „die Fülle“ nicht gelingen. „Wer ein Leben rettet, rettet die ganze Welt“, heißt es in der mystischen Ethik des Chassidismus. Im islamischen Sufismus findet sich ähnliches. Und christliche Überlieferung spricht analog vom „mystischen Leib Christi“. Ich bin überzeugt, daß nicht nur unsere Taten, sondern daß schon alles, was man denkt, die Art, wie man ist, einfließt in die Beantwortung der großen Frage, ob die Zeit erfüllt wird oder nicht. Darin liegt der tiefste Kern der Verantwortung. Keiner kann sich freisprechen von dem, was den Zustand des Ganzen ausmacht.

In jedem Moment kann ich die heilende Entwicklung in der Welt fördern, sie erleichtern – oder mich zu ihr querlegen, sie hemmen. Wer hat bloß die Lüge aufgebracht, das Leben sei folgenlos und unverbindlich? Alles, was gesät wird, geht auf. Alles. Das eine spät, das andere schnell, eines zum Guten, eines zum Bösen.

Ruth Pfau, Verrückter kann man gar nicht leben

In der Tat

Ich sehe wohl, daß ihr viel von der Lehre zu reden wißt, die euch gepredigt ist, von dem Glauben und der Liebe. Und das ist kein Wunder: wenn doch schier ein Esel singen lernen kann, solltet ihr dann nicht auch die Lehre oder die Wörtlein reden und lernen? So besteht, liebe Freunde, das Reich Gottes, das wir sind, nicht in der Rede oder in Worten, sondern in Kraft, das heißt in der Tat, in den Werken und Übungen (1 Kor. 4, 20). Gott will nicht Zuhörer oder Nachredner haben, sondern Nachfolger und Täter, und das in dem Glauben durch die Liebe.

Martin Luther, Acht Sermone, gepredigt zu Wittenberg in der Fastenzeit, 1522

Die nächste Handlung

Denke an die ärmste Person, der du je begegnet bist, und überlege dir, ob deine nächste Handlung ihr eine Hilfe sein wird.

Auf dem Grabmal Mahatma Gandhis

6
Selig, die Gutes tun

Die Liebe ist das Amen des Universums.

Novalis

Vollkommenes Zuhören bedeutet den Gesang des Alls zu hören. Was einzelne Menschen erzählen, sind Fragmente von Melodien der großen kosmischen Sinfonie .

Henryk Skolimowsky

Tu eine gute Tat und wirf sie mitten in den Fluß;
wenn er ausgetrocknet ist, wirst du sie finden.

Ägyptisch

Und du wirst lange weilen auf Erden

Tue recht, und du wirst lange weilen auf Erden.
Beruhige den Weinenden, unterdrücke nicht eine Witwe …
Vertraue nicht auf die Länge der Jahre,
denn den Göttern steht die Lebenszeit vor Augen wie eine Stunde.

Wenn der Mensch nach dem Tode übrigbleibt,
dann werden seine Taten auf einen Haufen neben ihn gelegt.
– Das Dortsein währt ewig! –
Wer tut, was die Götter verwerfen, ist ein Tor,
wer aber zu ihnen kommt, ohne Unrecht getan zu haben,
der wird drüben sein wie ein Gott,
frei schreitend wie die Herren der Ewigkeit …

Wer den Armen speist,
dem vergilt Gott, als ob er Millionen Opfer gebracht hätte.
Ägyptisch

Das Gesetz

In dieser Welt hat Haß noch niemals Haß vertrieben.
Nur Liebe besiegt Haß.
Dies ist das Gesetz, alt und unverbrüchlich.
Auch du wirst einmal sterben.
Weißt du dies, wie kannst du dann noch streiten?
Halte dich an die Liebenden,
denn sie wissen,
was zu tun und zu lassen ist.
Buddha

Blumenduft

Wie sich aus einem Berg von Blumen
Gar vielerlei Blumengirlanden flechten lassen,
So gestalte aus deinem Leben
Gar vielerlei gute Handlungen.

Der Duft der Blüten, von Sandel,
    Oleander und Jasmin,
Er verbreitet sich nicht gegen den Wind.
Doch selbst dem Wind entgegen
Verbreitet sich der Duft der guten Menschen,
Alle Himmelsrichtungen erfüllend.

Wenn du etwas Gutes getan hast,
So tue es wieder und wieder.
Erwecke den Wunsch danach,
Denn all dies Gute bringt dir Glück.

Unterschätze nicht dein gutes Handeln,
Und denke nicht:
    „Das hat ja keine Folgen für mich!"
Tropfen um Tropfen füllt sich ein Krug,
Und ebenso füllt sich randvoll
    mit Gutem der Weise.

Die Selbstsüchtigen werden niemals
Das Glück himmlischer Welten erfahren,
Diese Narren lachen über Großzügigkeit.
Der Weise aber findet Freude im Geben
Und wird so auch künftiges Glück erfahren.

Wer in seinem Streben nach dem eigenen Glück
Niemals Gewalt anwendet
    oder andere Wesen verletzt,

Die doch gleicherweise nach dem Glück suchen,
Der wird Glück finden in der nächsten Welt.

Sprich die Wahrheit, werde nicht zornig,
Und wenn man dich bittet, so gib,
Selbst wenn es wenig ist.
Diese drei Stufen führen dich
In die Gegenwart der Götter.

Buddha, Dhammapada

Stark und süß

Wenn sich Menschen in ihrem innersten Herzen als Einheit erfahren, zerschmettern sie sogar die Stärke von Eisen oder Bronze.

Und wenn sich Menschen in ihrem innersten Herzen verstehen, sind ihre Worte süß und aromatisch wie der Duft von Orchideen.

I Ging

Lichte Morgenröte

Ist nicht das ein Fasten, wie ich es liebe: daß du ungerechte Fesseln öffnest, die Stricke des Joches lösest? Daß du Mißhandelte ledig lässest und jedes Joch zerbrichst? Daß du dem Hungrigen dein Brot brichst und Arme, Obdachlose in dein Haus führst? Wenn du einen Nackten siehst, daß du ihn kleidest und dich den Brüdern nicht entziehst? Dann wird dein Licht hervorbrechen wie die Morgenröte und deine Heilung eilends sprossen; deine Gerechtigkeit wird vor dir her gehen, und die Herrlichkeit des Herrn wird deinen Zug schließen.

Jesaja

Tor des Ewigen

Er öffnete mir die Pforten der Wohltätigkeit. In der zukünftigen Welt wird der Mensch gefragt: Was war deine Beschäftigung? und antwortet er: Ich habe Hungrige gespeist, so spricht man zu ihm: Das ist das Tor des Ewigen: Wer Hungrige gespeist hat, trete darin ein. (Ein anderer spricht:) Ich habe Durstige getränkt. Da spricht man zu ihm: Das ist das Tor des Ewigen, wer Durstige getränkt hat, trete darin ein. (Ein anderer spricht:) Ich habe Nackte gekleidet. Da spricht man zu ihm: Das ist das Tor des Ewigen; wer Nackte gekleidet hat, der trete darin ein. Dasselbe gilt für den, der Waisen großzieht, und für die Wohltäter und für die, so Liebeswerke üben. David aber sprach: Ich habe das alles getan, sie sollen mir alle Pforten öffnen. Darum heißt es: Öffne mir die Tore der Wohltätigkeit, daß ich hineingehe und den Herrn preise.

Midrasch

Wind und Tau

Die Seele ist wie ein Wind,
der über die Kräuter weht,
wie der Tau, der auf die Wiesen träufelt,
wie die Regenluft, die wachsen macht.
Desgleichen ströme der Mensch ein Wohlwollen aus
auf alle, die da Sehnsucht tragen.
Ein Wind sei er, der den Elenden hilft,
ein Tau, der die Verlassenen tröstet.
Er sei wie die Regenluft, die die Ermatteten aufrichtet
und sie mit Liebe erfüllet wie Hungernde.

Hildegard von Bingen

Seligpreisung

Selig, wer bekleidet die Nackenden mit Gewand und dem Hungernden gibt sein Brot. Selig, wer richtet ein gerechtes Gericht der Waise und Witwe und jedem Gekränkten hilft.

Selig, welchem ist Barmherzigkeit in seinem Mund und Sanftmut in seinem Herzen.

Selig der Mensch, welcher nicht richtet sein Herz mit Bosheit auf einen jeden Menschen und hilft dem Gerichteten und aufhebt den Zerbrochenen und übt Barmherzigkeit an dem Bedürftigen; weil am Tag des großen Gerichts jedes Maß und jede Waage und jedes Gewicht wie auf einer Waage, das heißt auf einer Waage aufgehängt und zum Verkauf steht, und er wird erkennen sein Maß, und mit dem Maß wird er seinen Lohn empfangen.

Ein jeder von euch möge sein Gold und Silber verderben um des Bruders willen, damit er empfange einen vollen Schatz in jedem Äon.

Der Waise und der Witwe und dem Fremdling reichet dar eure Hände entsprechend eurer Kraft. Verberget nicht euer Silber in der Erde. Helft dem Elenden in der Trübsal, und nicht wird euch finden Trübsal in euren Schatzkammern und zu der Zeit eurer Arbeit.

Slawischer Henoch

Wunder

Auch im durchschnittlichsten Leben eines Menschen kommen Augenblicke vor, die Raum für unreflektierte, aber wirkliche Liebe von Unendlichkeit bieten. Irgendwo hat auch der normalste Ablauf eines spießigen Lebens von Alltagssorge seine Augenblicke, in denen dieser Betrieb haltmacht, Lücken und Risse erhält, die Blicke ins scheinbar Leere, in Wirklichkeit aber Unendliche gestatten, das scheinbar allein Wirkliche, zum Ausgangspunkt und Rahmen für den sich ins Unendliche verlierenden Blick des Bewußtseins und der Freiheit wird und nicht mehr das bleibt, womit man sich allein „nüchtern und realistisch" beschäftigt. Und, was noch wichtiger ist, ab und zu ereignen sich eben doch vermutlich in jedem Menschenleben Augenblicke, in denen die nüchterne Alltagsliebe, die kaum von vernünftigem Egoismus unterschieden werden kann, plötzlich vor die Alternative gestellt wird, zu lieben ohne Lohn, zu vertrauen ohne Rückversicherung, zu wagen, wo einem scheinbar nur ein sinnloses Abenteuer zugemutet wird, das sich nie rentieren kann.

In solchen Augenblicken steht dann die Freiheit des Menschen vor der Alternative, entweder vorsichtig feige zu sein und sich zu versagen, sich selbst nicht zu wagen oder in einem kühnen Vertrauen, das scheinbar absurd und doch eben – Wunder der Wunder – gegeben ist, sich und das freie Subjekt ohne Rückversicherung zu wagen, wirklich zu lieben im eigentlichen Sinne des Wortes … Kleinigkeiten (biblisch: das Glas Wasser für den Durstigen), das gute Wort am Krankenbett, der Verzicht auf einen kleinen schäbigen Vorteil auch dem gegenüber, dessen Egoismus einen rasend macht, und tausend andere Lappalien des Alltags können die bescheidene Leistung sein, durch die hindurch die eigentliche Gesinnung der selbstlosen Brüderlichkeit sich vollzieht, die die eigentliche Tat des Lebens ist.

Karl Rahner, Wer ist dein Bruder?

Himmelsanwärter

Vom berühmten Rabbi Baruch, der an den Menschen verzweifelt war, wird erzählt, daß er einst auf dem Marktplatz von Chusa, der Stadt, in der er lebte, den Propheten Elija traf. Der Rabbi zeigte auf die Menschen, die um sie herum waren, und fragte: „Gibt es unter all diesen einen einzigen, der Anteil an der kommenden Welt haben wird?" Der Prophet Elija verneinte es: „Kein einziger." Wenig später jedoch sagte der Prophet zum Rabbi: „Diese beiden, die eben gerade kamen, sie haben Anteil am Himmelreich." Da ging Rabbi Baruch zu den beiden, die eben gekommen waren und mit den Umstehenden ihre Späße machten. Er fragte sie: „Was ist euer Beruf? Was macht ihr? Welche Leistungen habt ihr vorzuweisen?" Das war ihre Antwort: „Wir tun nichts Besonderes. Wenn wir jemand sehen, der niedergeschlagen ist, versuchen wir, ihn ein wenig zu erheitern. Und wenn wir sehen, daß Menschen sich streiten, dann versuchen wir, sie wieder zu versöhnen."

Rabbinische Geschichte

Ein ganzes Leben glücklich

Wenn du für eine Stunde glücklich sein willst – mach ein Nickerchen.

Wenn du für einen Tag glücklich sein willst – geh fischen.

Wenn du für einen Monat glücklich sein willst – heirate.

Wenn du für ein Jahr glücklich sein willst – erbe ein Vermögen.

Wenn du für ein ganzes Leben glücklich sein willst – hilf jemand anderem.

Chinesisches Sprichwort

Quellenverzeichnis

1. Niemand ist eine Insel
Das Band zwischen uns

Eugen Drewermann, Das größte Glück, aus: ders., Zeiten der Liebe, Verlag Herder, Freiburg i. Br. 8. Auflage 1997, S. 36 f.

Cicero, Allein in den Himmeln?, aus: Marcus Tullius Cicero, Über die Freundschaft, übersetzt von Robert Feger, Reclam-Verlag, Stuttgart 1978, S. 37.

André Gide, Das Glück der andern, aus: ders., Uns nährt die Hoffnung, DVA, Stuttgart; zit. in: Mit anderen zusammenleben. Quellenband 3 der Enzyklopädischen Bibliothek Christlicher Glaube in moderner Gesellschaft. Erarbeitet von Karin Walter. Mit einem Essay von Christian Graf von Krockow, Verlag Herder, Freiburg 1986, S. 89 f.

John Donne, Keine Insel, in: ders., Nacktes, denkendes Herz, Köln 1969.

Andrej Sinjawski, Kontinent, aus: ders., Eine Stimme im Chor, Paul Zsolnay Verlag, Wien – Hamburg.

Mark Aurel, Verwandt, aus: ders., Wege zu sich selbst, Frankfurt a. M. 1976, S. 112, 114.

Albert Einstein, Befreiung, zit. in: Ram Dass / Paul Gorman, Wie kann ich helfen? Segen und Prüfung mitmenschlicher Zuwendung, SadhanaVerlag, Berlin 1994, S. 25.

Ferdinand Ebner, Einander, in: ders., Fragmente, Aufsätze, Aphorismen, Kösel-Verlag, München 1963.

Hanns Dieter Hüsch, Wer will das schon? Wer kann das schon?, in: Hanns Dieter Hüsch, Das Hanns Dieter Hüsch Buch, © 1993 by Rogner & Bernhard GmbH & Co. Verlags KG, Hamburg.

Jean-Paul Sartre, Für sich und die anderen, aus einem Interview mit Rupert Neudeck. Mitgeteilt von Rupert Neudeck.

2. Kein Leid ist fremdes Leid
Mitgefühl – die Öffnung des Herzens

Thich Nhat Hanh, Tor des Mitgefühls, in: Nenne mich bei meinen wahren Namen. Meditative Texte und Gedichte, Herder/Spektrum Band 4579, Freiburg i. Br. 1998, S. 91 f. Rechte: Theseus-Verlag, Berlin.

Arthur Schopenhauer, Grenzenlos, aus: Schopenhauer, Auswahl und Einleitung von Reinhold Schneider, Fischer Verlag, Frankfurt a. M., S. 166.

Thich Nhat Hanh, Verbindung, aus: ders., Das Herz von Buddhas Lehre, Verlag Herder, Freiburg i. Br. 1999.

Albert Schweitzer, Das Band, aus: ders., Zwischen Wasser und Urwald, Beck'sche Reihe Nr. 1098, Verlag C. H. Beck, München, S. 163

Elie Wiesel, Kerker, aus: ders., Worte wie Licht in der Nacht, hg. und eingeleitet von Rudolf Walter, Verlag Herder, Freiburg 1987, S. 44.

Krishnamurti, Eingemauert, in: Krishnamurti, Über die Liebe, Aquamarin-Verlag, Feldafing, S. 34 f.

Dorothy Day, Heutzutage, aus: Catholic Workers, Oktobernummer 1933, zit. in: Jim Forest, Dorothy Day – Das Maß ist Liebe. Die Biographie von Dorothy Day. Vorwort von Dorothee Sölle, Pendo-Verlag, Zürich 1989, S. 99.

Dorothee Sölle, Mitbeteiligt, in: dies., Leiden, Herder/Spektrum Band 4215, Freiburg i. Br. 1993, S. 53 f. Rechte: Kreuz-Verlag, Stuttgart.

Ram Dass, Herzensverbindung, in: Ram Dass/Paul Gorman, Wie kann ich helfen? Segen und Prüfung mitmenschlicher Zuwendung. Sadhana-Verlag, Berlin 1994, S. 211 f.

Franz von Assisi, Sieg über das Ich, Dreigefährtenlegende: Franziskus und der Aussätzige, in: Franz von Assisi, Geliebte Armut, Texte vom und über den Poverello, ausgewählt und eingeleitet von Gertrude und Thomas Sartory, Verlag Herder, Freiburg i. Br. 1977.

Vinzenz von Paul, Geheimnis, aus: ders., Worte des Erbarmens, Verlag Herder, Freiburg i. Br., S. 15 f., 47, 52 f.

Mutter Teresa, Überwindung, aus: dies., Die Sprache des Herzens, Herder/Spektrum Band 4616, Freiburg i. Br. 1997, S. 25. 20.

Elie Wiesel, Rabbi der Barmherzigkeit, aus: ders., Geschichten gegen die Melancholie, Verlag Herder, Freiburg i. Br., 3. Aufl. 1996, S. 70 ff.

Ram Dass, Rettung, in: Ram Dass / Paul Gorman, Wie kann ich helfen? Segen und Prüfung mitmenschlicher Zuwendung, Sadhana-Verlag, Berlin 1994, S. 142 f.

3. Wie helfen? Was wir einander sein und geben können

Marina Schnurre, Besuch, in: Marina Schnurre / Renate Kreibich-Fischer, Ich will fliegen, leben, tanzen. Zwei Frauen arbeiten mit Krebskranken, Herder/Spektrum Band 4066, Freiburg i. Br. 1987, S. 63.
Jüdisch, Gar nicht witzig, aus: Von armen Schnorrern und weisen Rabbis. Witze, Anekdoten und Sprüche, hg. von Jutta Janke, Berlin 1975.
Anthony de Mello, Diät, ders., Vorurteil, in: Zeiten des Glücks, hg. von Anton Lichtenauer, Herder/Spektrum, Freiburg i. Br. 1997, S. 65
Mahatma Gandhi, Zuckerverbot. Berichtet in Ram Dass, a.a.O., S. 131.
Mutter Teresa, Essensannahme, in: dies., Zeiten der Barmherzigkeit, Herder/Spektrum Band 4373, Freiburg i. Br. 1995, S. 50.
Zengeschichte, Hilfe, in: Marco Aldinger, „Was ist die ewige Wahrheit?" „Geh weiter!" Zen-Geschichten vom Anhaften und Loslassen, Herder/Spektrum Band 5011, Freiburg i. Br. 1997, S. 88.
Zengeschichte, Nichts Abstraktes, zit. in: Thich Nhat Hanh, Schlüssel zum Zen, Herder/Spektrum Band 4570, S. 185.
Anthony de Mello, Bedeutung, a.a.O., S. 152.
Klaus Hemmerle, Jeder hat, was er gibt, in: Karl Rahner / Bernhard Welte, Mut zur Tugend. Von der Fähigkeit, menschlicher zu leben, Verlag Herder, Herderbücherei, Freiburg i. Br. 1986, S. 21 ff.
Mutter Teresa, Berühren, um zu verstehen, in: dies., Zeiten der Barmherzigkeit, Herder/Spektrum Band 4373, Freiburg i. Br. 1995, S. 22 f.
Zengeschichte, Die Gabe, in: Marco Aldinger (Hg.), „Was ist die ewige Wahrheit?" a.a.O., S. 70
Léon Bloy, Gleichgewicht der Welt, in: Der beständige Zeuge Gottes. Eine Auswahl aus dem Gesamtwerk, hg. von Raissa Maritain, eingeleitet von Jacques Maritain, Otto Müller Verlag, Salzburg 1953, S. 95.
Elie Wiesel, Geiz, in: Was die Tore des Himmels öffnet. Geschichten chassidischer Meister, Verlag Herder, Freiburg i. Br., 3. Aufl. 1987, S. 115 f.
Anthony de Mello, Hut ab, in: ders., a.a.O., S. 62.
Anthony de Mello, Voraussetzungen, in: ders., a.a.O.
Anselm Grün, Der Engel der Barmherzigkeit, in: ders., 50 Engel für das Jahr. Ein Inspirationsbuch, Herder/Spektrum Band 5003, Freiburg i. Br. 1997, S. 137 f.
Zengeschichte, Was nützt es?, aus: Marco Aldinger, a.a.O., S. 72.

4. Leben heißt helfen zu leben
Wahre Geschichten

Helmut Puschmann, Kleinigkeiten? Rechte beim Autor.

Kay Willis / Maryann Bucknum Brinley, Das machen wir später, aus: dies., Das Geheimnis glücklicher Eltern (Arbeitstitel). (Aus dem Amerikanischen von Kate Reiner, Verlag Herder, Freiburg i. Br. 1999.

Rafik Schami, Nur eine Frage, in: ders., Die Politik der gemeinsamen Freude, in: Anetta Kahane / Eleni Torossi (Hg.), Begegnungen, die Hoffnung machen. Grenzen gegenüber Ausländern überwinden – Ideen und Initiativen, Herder/Spektrum, Freiburg i. Br., S. 73.

Root Leeb, Walzer, in: dies. Tramfrau, edition ebersbach, Dortmund 1994, S. 51.

Kurt Hock, Der Grenzstein. Rechte beim Autor.

Root Leeb, Die Möwe, in: dies., Tramfrau, a. a. O., S. 46 ff.

Elizabeth Petuchowski, Das Geheimnis. Rechte bei der Autorin.

Elie Wiesel, Die Seele der Stadt, in: ders., Alle Flüsse fließen ins Meer. Autobiographie Band 1, Copyright © Elivion Associates Inc., 1994, für die deutsche Ausgabe: Hoffmann und Campe, Hamburg 1995, S. 96 ff.

Eugen Kogon, Janusz Korczak – mit den Verlorenen: Mit den Verlorenen gehen. Janusz Korczak bedenkt den bevorstehenden letzten Weg, aus: Karl Rahner / Bernhard Welte (Hg.), Mut zur Tugend. Von der Fähigkeit, menschlicher zu leben, Verlag Herder, Herderbücherei, Freiburg i. Br. 1986, S. 208 ff.

Yaffa Eliach, Der Überlebende, in: dies., Träume vom Überleben. Chassidische Geschichten aus dem 20. Jahrhundert, Herder/Spektrum Band 4478, Freiburg i. Br. 1997.

Norbert Ortmanns, Abschiebungsgegner: Rechte: Evangelische Presseagentur epd, Frankfurt am Main.

Stefan Lebert, Ein Glücksfall, in: Süddeutsche Zeitung vom 19. Juli 1990, Originaltitel: Ein Glücksfall im chancenlosen Kampf. Aids-Woche in München: Das Beispiel der Krankenschwester Helga Geiger. Mit freundlicher Genehmigung des Autors.

Lorenz Marti, Über die Brücke. Redigiert nach einer Rundfunksendung durch den Herausgeber.

Heide Reuter, Aus der Nacht. Rechte bei der Autorin.

Michael Kampik S. J., Die Antwort. Rechte beim Autor.

Susanne von Bargen, Geschenkte Zeit. Erschien unter dem Titel „Zeit schenken und Kraft schöpfen“ zuerst im Hamburger Abendblatt. Rechte bei der Autorin.

Susanne von Bargen, Gegen die Einsamkeit. Erschien unter dem Titel

„Engagiert gegen die Einsamkeit" zuerst im Hamburger Abendblatt. Rechte bei der Autorin.

Ram Dass / Paul Gorman, Der Clown, in: dies., a. a. O., S. 134 f.

Allan Luks, Baby-Zauber, in: ders./Peggy Payne, Der Mehrwert des Guten. Wenn Helfen zur heilenden Kraft wird, Verlag Herder, Freiburg i.Br. 1998.

Claudia Wessel, Bobby und seine Freunde, in: Süddeutsche Zeitung vom 2./3. 5. 1998. Rechte bei der Autorin.

Ram Dass/Paul Gorman, Sanfter Eingriff, in: Ram Dass / Paul Gorman, Wie kann ich helfen? Segen und Prüfung mitmenschlicher Zuwendung, Sadhana-Verlag, Berlin 1994, S. 160 f.

Ruth Pfau, Die große Liebe, aus: dies., Verrückter kann man gar nicht leben. Ärztin, Nonne, Powerfrau, Herder/Spektrum Band 4436, Freiburg i. Br. 1995, S. 15 ff.

Dirk Kurbjuweit, Fröhliche Kämpferin, in: Die Zeit vom 2. 1. 1998. Rechte beim Autor.

Ariane Barth, Kaspar Hausers Geschwister, in: Der Spiegel 13/1995, S. 90 ff. Rechte: Der Spiegel.

Stefan Klein, Richter Erics Kinder, aus: Süddeutsche Zeitung vom 20./21. 2.1993, Originaltitel: Richter Erics elende Kinder. Straßenkinder in Nairobi: Die Spiegelbilder der afrikanischen Misere. Rechte beim Autor.

Wulf Reimer, Klasse Kameraden. Rechte beim Autor.

Susanne von Bargen, Die Dienstagsdamen. Unter dem Titel „Eine Mutter für Behinderte" zuerst veröffentlicht in: Hamburger Abendblatt. Rechte bei der Autorin.

Eberhard M. Pausch, Kaffee und mehr. Rechte beim Autor.

Ram Dass, Für nichts!, in: Ram Dass / Paul Gorman, Wie kann ich helfen? Segen und Prüfung mitmenschlicher Zuwendung. Sadhana-Verlag, Berlin 1994, S. 38 ff.

Ulrike Schnellbach, Es ist angerichtet, aus: Zeitung zum Sonntag, 7.12. 1997. Rechte bei der Autorin.

Daniil Granin, Such einen Grund, aus: ders., Die verlorene Barmherzigkeit. Eine russische Erfahrung. Herder/Spektrum Band 4043, Freiburg i. Br. 1998, S. 90 ff.

5. Wer, wenn nicht wir? Wann, wenn nicht jetzt? Nur das Tun verwandelt die Welt

Cesare Pavese, Als ob, Tagebucheintragung vom 3. 2. 1941, zit. in: Sölle, Leiden, a.a.O., S. 185.

Johannes, Gottesliebe, Bruderliebe: Der erste Brief des Johannes.
Karl Rahner, Gefährliche Konsequenz, in: ders.,Wer ist dein Bruder? Verlag Herder, 2. Aufl., Freiburg i. Br., S. 40 ff.
Elie Wiesel, Jeder. Sofort., in: ders., Den Frieden feiern, hg. von Reinhold Boschert-Kimmig, Herder/Spektrum Band 4019, Freiburg i. Br. 1991, S. 94 f.
Anthony de Mello, Die Gelegenheit, in: ders., Zeiten des Glücks, a.a.O., S. 177.
Vinzenz von Paul, Dieser Augenblick, in: ders., Worte des Erbarmens, a.a.O., S. 59.
Elie Wiesel, Es gibt viel zu tun, aus: ders., Nobelpreisrede, in: Den Frieden feiern, a.a.O., S. 110 f.
Albert Schweitzer, Augen auf, in: ders., Kultur und Ethik, Verlag C.H. Beck, München, S. 253.
Lukas, Handle genauso: Das Evangelium nach Lukas 10, 30-37.
Hans Urs von Balthasar, Die Antwort ist praktisch, aus: ders., Das Weizenkorn. Aphorismen. Johannesverlag, Einsiedeln 1953, S. 79.
Ruth Pfau, Das Naheliegende, in: dies., Verrückter kann man gar nicht leben. Ärztin, Nonne, Powerfrau, Herder/Spektrum Band 4436, Freiburg i. Br. 1995, S. 186 ff.

6. Selig, die Gutes tun

Ägyptisch, Und du wirst lange weilen auf Erden, zit. in: Diakonie – biblische Grundlagen und Orientierungen. Ein Arbeitsbuch zur theologischen Verständigung über den diakonischen Auftrag, hg. von Gerhard K. Schäfer und Theodor Strohm, Universitätsverlag Heidelberg 3. Auflage 1998, S.40.
Buddha, Blumenduft, aus: Dhammapada – die Weisheitslehren des Buddha. Aus dem Pali ins Deutsche neu übertragen und kommentiert von Munish B. Schiekel. Mit einem Vorwort von Thich Nhat Hanh. Herder/Spektrum Band 4665, Freiburg i. Br. 1998, S. 30 ff.
Jesaja, Lichte Morgenröte: Jesaja 58, 4-8.
Midrasch, Tor des Ewigen. Eine jüngere Paralelle zu Matthäus 25. Wiedergabe nach A. Wünsche, Midrasch Tehillim oder haggadische Erklärung der Psalmen, Trier 1892. Nachdruck Hildesheim 1967, S. 164.
Slawischer Henoch, Seligpreisung, zit. in: Diakonie, a.a.O., S. 99.
Karl Rahner, Wunder, in: ders., Wer ist dein Bruder?, a.a.O., S. 75 ff.